Grundpfandrechte

und geringstes Gebot in der Zwangsversteigerung von Grundstücken

unter Mitberücksichtigung des Lastenausgleichsgesetzes

von

Dipl.-Kfm. Dr. jur. Kurt Schmidt

Berlin 1953

Walter de Gruyter & Co.

vormals G. J. Göschen'sche Verlagshandlung / J. Guttentag, Verlagsbuchhandlung / Georg Reimer / Karl J. Trübner / Veit & Comp.

Archiv-Nr. 62 00 75

Satz und Druck: Feese & Schulz, Berlin-Wilmersdorf

Vorwort

Die Zwangsversteigerung von Grundstücken ist, nachdem sie in den ersten Jahren nach dem zweiten Weltkrieg in der Praxis so gut wie gar nicht durchgeführt wurde, wieder in den Vordergrund getreten. Den ersten Anlaß hierzu gab um das Jahr 1949 die Wiederaufnahme der früher einmal zur Aufhebung der Gemeinschaft beantragten und zurückgestellten Zwangsversteigerungen. Und zwar erfolgte dieses durch die Erben, die in der Regel getrennt voneinander wohnten, kein Interesse mehr am Grundstück hatten, sondern ihren Anteil realisiert sehen wollten.

Wenn seit genannter Zeit der Umfang der Zwangsversteigerungen gegen früher gering war, so hatte das seinen Grund in der Geldentwertung, der Ungewißheit über die Bewertung von Grundstücken, der Geldknappheit und in der Einhaltung des höchstzulässigen Gebotes, die für die Zwangsversteigerung von Grundstücken vorgeschrieben war. Darüber hinaus sprach in letzter Zeit die Auswirkung des Lastenausgleichsgesetzes wesentlich mit, und zwar einmal durch die in ihm infolge der Hypothekengewinnabgabe geschaffenen recht schwierigen Rangverhältnisse der Grundpfandrechte und des weiteren aus der Tatsache, daß es zur Durchführung der Zwangsversteigerung oft schon aus dem Grunde nicht kam, weil die Höhe der Hypothekengewinnabgabe, die bei der Feststellung des geringsten Gebotes zu berücksichtigen war, nicht feststand. So wurden im allgemeinen nur Zwangsversteigerungen von Grundstücken durchgeführt, für die eine Hypothekengewinnabgabe nicht in Frage kam.

Die Probleme und Schwierigkeiten im Zwangsversteigerungsverfahren waren von jeher zahlreich und mannigfaltig; sie sind infolge neuerer Gesetze und Verordnungen, so insbesondere durch das Lastenausgleichsgesetz noch umfangreicher geworden.

Die sich daraus ergebenden Schwierigkeiten und Unklarheiten haben mich veranlaßt, diese Schrift unter gleichzeitiger Verwendung meiner vor über 30 Jahren verfaßten Dissertation herauszugeben. Hierbei legte ich aus rein wissenschaftlichen Gründen besonderen Wert darauf, im historischen Teil, der bis auf die jetzige Zeit ergänzt worden ist, auch die auf das römische Recht zurückgehenden Ausführungen beizubehalten, um die Entwicklung des im heutigen Recht verankerten Deckungs- und Übernahmegrundsatzes aufzuzeigen. Dieses geschah auch, um den hieran besonders interessierten Lesern das mühselige Zusammentragen des Materials aus verschiedenen Spezialwerken zu ersparen. Die Ausführungen im Hauptteil sind nur soweit ergänzt beziehungsweise berichtigt, als es durch neuere Bestimmungen — einschließlich der im August und im

September dieses Jahres erlassenen Gesetze —, neuere Literatur und Rechtsprechung erforderlich war. Hierbei wurden die Ausführungen, die lediglich grundsätzlich sein sollen, weder komplizierter gestaltet noch gekürzt. Um aber die Arbeit besonders aktuell zu gestalten, sind von mir, soweit durch das Lastenausgleichsgesetz und die mit ihm zusammenhängenden Gesetze der letzten Jahre eine wesentliche Änderung in der Behandlung der Grundpfandrechte bei der Aufstellung des geringsten Gebotes erfolgt ist, in einem neuen Abschnitt der Arbeit eingehende Ausführungen unter Anwendung von Beispielen gemacht worden. Auch wurde in dem Schlußteil zu dem nunmehr im Zwangsversteigerungsgesetz verankerten Mindestgebot und dem jahrelang bestandenen und erst vor kurzem in Wegfall gekommenen höchstzulässigen Gebot Stellung genommen.

Berlin, den 1. Oktober 1953.

Dr. Kurt Schmidt

Inhaltsverzeichnis

I. Einleitung

Der Einfluß, den der Grundbesitz und die im Thema dieser Arbeit angegebenen Grundpfandrechte auf die wirtschaftliche Entwicklung ausüben, ist nicht nur für die unmittelbar daran Beteiligten, sondern auch für die Allgemeinheit von außerordentlicher Bedeutung. Grund und Boden bilden einen großen Teil des Volksvermögens. Für die Allgemeinheit ist es von größtem Werte, daß sich der Grundbesitz möglichst dauernd in festen Händen befindet, und daß dieser wirtschaftliche Wunsch durch das Gesetz gefördert wird. Wirtschaftliche Gründe gaben daher in allererster Linie Veranlassung, den rechtlichen Verkehr in bezug auf das unbewegliche Vermögen (darunter auch die Zwangsversteigerung von Grundstücken) bis in das kleinste festzulegen. Dieses war umso schwieriger, als das Gesetz auf ländliche und städtische Grundstücke gleichmäßig anwendbar sein sollte. Die ländlichen und noch mehr die städtischen Grundstücke sind nicht selten eine Kapitalanlage. Abgesehen davon stellen die ländlichen Grundstücke vor allem einen wirtschaftlichen Produktionsfaktor (landwirtschaftlicher Betrieb) dar, während die städtischen Grundstücke in sehr vielen Fällen in den Wirtschaftskreisen ihrer Eigentümer nur die Bedeutung von Hilfskräften zur wirtschaftlichen Produktion haben (z. B. Fabrik- oder Hotelgrundstücke, Häuser für den Betrieb des Handelsgewerbes) oder lediglich der Konsumtion (Wohnung) dienen. Wenn auch äußere Umstände auf die wirtschaftlichen Verhältnisse der ländlichen Grundstücke einen Einfluß haben, so sind die wirtschaftlichen Verhältnisse bei den städtischen Grundstücken noch mehr von außerhalb des Grundstückes liegenden Faktoren abhängig. Schon aus diesen Umständen läßt es sich erklären, daß die Eigentumsverhältnisse der städtischen Grundstücke größeren Schwankungen ausgesetzt sind als die ländlichen. Die Fälle, in denen durch Zwangsversteigerung die Grundpfandansprüche geltend gemacht werden müssen, werden also bei den städtischen Grundstücken häufiger und verwickelter sein als bei den ländlichen. Hierauf hat offenbar auch das Gesetz Rücksicht genommen.

Um nun nicht nur dem die Zwangsversteigerung betreibenden Gläubiger, sondern auch allen übrigen Interessenten gerecht zu werden, ist im Gesetz das „geringste Gebot" geschaffen worden. Durch dieses werden die Bedingungen, unter denen das zu versteigernde Grundstück ausgeboten wird, gesetzlich beschränkt. Im Vordergrund steht dabei die Wahrung des Interesses des Grundpfandgläubigers. Daher habe ich mich zu der folgenden Untersuchung entschlossen, welche zeigen soll, in welcher rechtlichen Beziehung nun das geringste Gebot zu den Grundpfandrechten steht.

Da die Hypothek das gebräuchlichste und wirtschaftlich wichtigste Grundpfandrecht ist, habe ich in der Ausführung vorliegender Arbeit die Hypothek in den Vordergrund gestellt. Die Grund- und Rentenschuld habe ich nur insoweit behandelt, als für diese Grundpfandrechte in bezug auf das Thema der Arbeit besondere von der Hypothek unterschiedliche Regeln sich ergeben.

II. Historische Übersicht

Römisches Recht

Das römische Recht kannte die modernrechtliche Trennung des Mobiliarpfandrechtes von dem Immobiliarpfandrecht nicht. Die pfandrechtlichen Bestimmungen, darunter auch die Realisierung des Pfandrechtes, waren für beide Gattungen des Pfandobjektes gleich. Dagegen bestand ein erheblicher Unterschied darin, ob es sich um die Beitreibung einer persönlichen Forderung handelte, oder ob eine zwangsweise Befriedigung wegen einer Forderung, für welche ein Vermögensstück dinglich verhaftet war, in Frage kam. Persönliche Forderungen wurden mit staatlichem Rechtsschutz beigetrieben, der dingliche Pfandgläubiger mußte auf privatem Wege seine Befriedigung suchen.

Das älteste Pfandrechtsinstitut des römischen Rechtes, die fiducia, verschaffte dem Gläubiger Eigentum und Besitz an der Pfandsache. Der Gläubiger blieb aber persönlich verpflichtet, nach erhaltener Befriedigung die Sache zurückzugeben. Ursprünglich auf Grund der lex commissoria und später auf Grund des pactum de vendendo erhielt der Gläubiger das Recht, nach Ablauf der Zahlungsfrist die Sache zu behalten, beziehungsweise sie zu verkaufen und sich aus dem Erlöse zu befriedigen. Die hyperocha fiel an den Schuldner. Wie der Gläubiger den Verkauf gestaltete, blieb ihm überlassen.

Das Institut des pignus bedeutete zunächst nur eine tatsächliche Sicherstellung, welche später der Prätor mit staatlichem Rechtsschutz bekleidete.

Das Normalpfandrecht des späteren römischen Rechts ist die Hypothek, eine Verpfändung durch bloßen Vertrag ohne Übergabe. Dieses Institut ist grundlegend für die Ausbildung des Immobiliarkredits[1]). Mittels der actio hypothecaria kam der Gläubiger in die Lage, sich in den Besitz der Pfandrechte zu setzen. Auch dieser Vorgang war ein rein privatrechtlicher[2]). Der Gläubiger handelte kraft eigenen Rechtes, nicht etwa als Stellvertreter des Schuldners.

Eine mehrfache Verpfändung war bereits im älteren römischen Recht möglich. Sie stellte sich rechtlich bei der Hypothek als eine Verpfändung der actio pigneraticia und der durch diese Klage gegebenen Aussicht auf die hyperocha dar. In der klassischen Zeit wurde aber eine mehrmalige unbedingte Verpfändung ohne weiteres anerkannt[3]).

Das Verhältnis mehrerer Pfandgläubiger derselben Sache war nach dem Range der Pfandrechte geregelt. Das ältere Pfandrecht hatte vor dem jüngeren den Vorzug (prior tempore, potior jure). Der Gläubiger des jüngeren Pfandrechtes konnte dieses nur unter Vorbehalt der Befriedigung des im Range besseren Pfandgläubigers ausüben[4]). Waren die Pfandrechte im gleichen Range, so hatte dasjenige den Vorrang, das zuerst geltend gemacht wurde[5]). Der Rang der Pfandrechte selbst richtete sich bei Vertragsrechten nach dem Zeitpunkte

---

[1]) Krech-Fischer 1884 S. 4.
[2]) Krech-Fischer 1894 S. 1.
[3]) Krech-Fischer 1884 S. 7—8.
[4]) D. 20, 4, 12 pr./D. 20, 4, 11 pr./C. 8, 18, 6.
[5]) Crome S. 121.

der Pfandbestellung und bei gesetzlichen Pfandrechten nach dem Entstehen der Forderung. Eine Bevorzugung genossen die sogenannten privilegierten Pfandrechte (Pfandrecht des Fiskus[6]), dos[7]) und Forderungen aus einer Anwendung für die Pfandsache[8])). Ferner nahmen noch das pignus publicum und das pignus quasi publicum[9]) eine Sonderstellung ein. Bei diesen erfolgte die Pfandbestellung in einer öffentlichen Urkunde oder durch eine von drei unbescholtenen Zeugen mitunterzeichnete Privaturkunde. Ein solches Pfandrecht ging den nur durch eine einfache Privaturkunde festgelegten Pfandrechten auch dann vor, wenn letztere zeitlich früher begründet waren.

Die Realisierung des Pfandrechtes konnte nur der erste Pfandgläubiger wirksam vornehmen. Die nachstehenden Pfandrechte gingen durch den Pfandverkauf zwar nicht unter, sie konnten aber dem Käufer gegenüber nicht geltend gemacht werden. Jedenfalls hatte der Nachhypothekar kein eigenes Verkaufsrecht[10]). Dem im Range nachstehenden Gläubiger war durch das ius offerendi die Befugnis eingeräumt, den vorangehenden Gläubiger durch Zahlung und bei Annahmeverzug durch Hinterlegung zu befriedigen und dadurch an dessen Stelle zu treten[11]). Der im Range vorgehende Gläubiger konnte die Ausübung des ius offerendi nicht hindern[12]). Der den Verkauf betreibende Pfandgläubiger war aber, abgesehen von der Befriedigung des vorangehenden Gläubigers und seiner Person, verpflichtet, den etwa erzielten Überschuß (hyperocha) dem Schuldner oder einem ihm bekannten nachstehenden Pfandgläubiger auszuhändigen[13]). Die Beitreibung der persönlichen Forderung geschah in ganz anderer Weise. Vorbedingung war hier ein gerichtliches Urteil. Es fand eine vom Magistrat geleitete Zwangsvollstreckung statt, die auf Veräußerung der gepfändeten Sache ging (pignus in causa iudicati captum). Der Gläubiger wurde vom Gericht aus dem Erlöse befriedigt. Mit Hypotheken belastete Sachen wurden zur zwangsweisen Befriedigung persönlicher Gläubiger nur herangezogen, wenn keine unbelasteten Sachen vorhanden waren[14]). Der Hypothekengläubiger durfte aber durch die Veräußerung nicht geschädigt werden, so daß der Käufer notwendigerweise mindestens den Betrag der Hypothekenforderung bieten mußte. Das Hypothekenrecht erlosch erst mit der vollkommenen Befriedigung des Hypothekengläubigers. Hierin lag also ein wesentlicher Unterschied zum Privatverkauf.

Deutsches Privatrecht und gemeines Recht

Die wirtschaftlichen Verhältnisse der Deutschen wiesen gegen die der Römer große Verschiedenheiten auf. Die ganz anders gewertete Bedeutung von Grund und Boden bei den Deutschen ergab die notwendige Folge, daß eine Anwendung der römischen Pfandrechtsbegriffe auf das völlig selbständig entwickelte deutsche Pfandrecht unmöglich war. Die ursprüngliche Realisierung des Pfandrechts von unbeweglichen Sachen erfolgte im deutschen Privatrecht nach der älteren Satzung durch Privatverkauf des Pfandes seitens des Gläubi-

---

[6]) C. 4, 46, 1.
[7]) D. 4, 6, 29.
[8]) in rem verso D. 20, 4, 5.
[9]) C. 8, 18, 11.
[10]) Krech-Fischer 1884 S. 89 — a. A. Windscheid S. 241 Anm. 5.
[11]) D. 20, 5, 5, pr, 20, 4, 12, 6 und 9.
[12]) D. 20, 5, 1/C. 8, 18, 5.
[13]) actio pigneraticia D. 13, 7, 42.
[14]) Krech-Fischer 1884 S. 14; Krech-Fischer 1894 S. 3.

gers[15]). An manchen Orten konnte allerdings der Verkauf unter Leitung des Gerichts stattfinden. Später trat nach der jüngeren Satzung an die Stelle des Privatverkaufs grundsätzlich der gerichtliche[16]).

Eine Mehrverpfändung war ursprünglich verboten. Sie setzte sich aber, wahrscheinlich durch ein gesteigertes Kreditbedürfnis veranlaßt, mit der Zeit durch. Es galt der Grundsatz des römischen Rechtes, daß die jüngere Verpfändung der älteren nachstand[17]). Der Vorzug des älteren Pfandrechtes wurde aber hinfällig, wenn zur Zeit der Realisierung des Pfandrechtes die diesem älteren Rechte zugrunde liegende Forderung noch nicht fällig war[18]). Im Range gleichberechtigte Pfandrechte wurden entweder nach dem Verhältnis ihrer Forderungn berücksichtigt, oder es gab für denjenigen, der die Versteigerung früher beantragte, ein Vorrecht im Range (prior in petitione, prior in iure[19]). Pfandprivilegien, wie solche das römische Recht in mehreren Fällen vorsah, kannte das deutsche Recht nicht[20]).

Der Pfandverkauf konnte von jedem Pfandgläubiger ohne Rücksicht auf seinen Rang und auch gegen den Willen eines besserberechtigten Gläubigers verlangt werden[21]). Das ius offerendi ac succedendi, das vertraglich nicht ausgeschlossen werden konnte, gab einem anderen Pfandgläubiger (also auch dem besserberechtigten) die Möglichkeit, durch Befriedigung der betreibenden Gläubiger die Versteigerung auszuschließen oder in der Versteigerung an dessen Stelle zu treten. Aus dem Versteigerungserlös wurden die Pfandgläubiger ihrem Range nach befriedigt. Nach Erledigung aller dinglichen Belastungen des Grundstückes kam ein Überschuß an den Schuldner (hyperocha)[22]). Mit der Versteigerung des Grundstückes erloschen sämtliche Pfandrechte auf diesem[23]).

Dem römischen Rechte war die öffentliche Beurkundung dinglicher Rechte, insbesondere des Pfandrechtes, und deren Eintragung in ein öffentliches Register unbekannt, es konnte daher Grundlagen für unser modernes Grundpfandrecht nicht geben. Da die öffentliche Beurkundung und die Eintragung in ein öffentliches Register im deutschen Rechte entstanden sind, muß das heutige Grundpfandrecht als ein Ergebnis deutscher Rechtsentwicklung angesehen werden[24]). Was die Hypothek betrifft, so war diese aber im deutschen Rechte ein accessorisches Recht, das durch das Vorhandensein eines obligatorischen Rechtes, zu dessen Sicherstellung es dienen sollte, bedingt war[25]). Vorzug vor einfachen Gläubigern, die ihren Kredit auf bloße Handschrift hin, das heißt ohne Pfand, gaben (den sogenannten chirographischen Gläubigern), hatte der Hypothekengläubiger nicht. Es entschied also auch hier das Alter der Forderung. Die Hypothek selbst war nur eine verstärkte Anerkennung eines bestehenden Schuldverhältnisses[26]).

---

[15]) v. Meibom S. 124, König S. 61/62.

[16]) v. Gierke II S. 822.

[17]) Albrecht S. 156.

[18]) v. Meibom S. 429/430.

[19]) v. Meibom S. 455/56.

[20]) v. Gierke II S. 826.

[21]) Förster-Eccius III S. 504, 510.

[22]) v. Meibom S. 424; Albrecht S. 152; Förster-Eccius III S. 519.

[23]) Förster-Eccius III S. 504.

[24]) Bezügl. der Hypothek siehe v. Gierke II S. 833, der Grundschuld siehe Stobbe S. 173 und der Rentenschuld siehe Stobbe S. 89 ff.

[25]) Förster-Eccius III S. 464/65.

[26]) Stobbe S. 140.

Wie sah es im gemeinen Rechte aus? Die Entwicklung des deutschen Privatrechtes und des gemeinen Rechtes liefen nebeneinander her. Einzelne Rechtsinstitute der verschiedenen Systeme wurden oft in eins vereinigt. Es wäre daher außerordentlich schwer, festzustellen, inwieweit in einem gewissen Zeitpunkt nur deutschrechtliche und in einem anderen Zeitpunkte nur gemeinrechtliche Qualitäten des Pfandrechtes an unbeweglichen Sachen maßgebend waren. Auch im gemeinen Recht ist bei der Reception des römischen Rechts, die in Deutschland in complexu erfolgte, das Pfandrecht mitaufgenommen worden[27]). Jedoch erhielt sich das einheimische Recht einen erheblichen Einfluß, der sich am deutlichsten darin zeigt, daß der im römischen Rechte geltende Privatverkauf des Hypothekengläubigers nicht zur Geltung gelangte, vielmehr der Zwangsverkauf allgemein gültig war[28]). Es galt jedoch der Grundsatz, daß das ältere Pfandrecht dem jüngeren vorging. Die aus dem römischen Recht mit hinübergenommenen Pfandrechtsprivilegien führten aber eine Einschränkung des erwähnten Grundsatzes herbei[29]). Der Zwangsverkauf brachte alle Rechte, auch die dem Antragsteller vorgehenden, zum völligen Erlöschen, weil eine andere Realisierung des Pfandrechts an Grundstücken infolge des Fehlens oder der mangelhaften Verfassung der Grundbücher kaum durchführbar war. Vorangehende Gläubiger konnten den Verkauf durch einen nachstehenden Gläubiger nicht hindern. Die Versteigerung wurde ohne Rücksicht auf vorgehende, bessergestellte Gläubiger durchgeführt. Eine Beschränkung des Pfandverkaufes dahingehend, daß das Pfandrecht des vorgehenden Gläubigers nicht beeinträchtigt werden durfte, gab es also nicht. Bei der Verteilung des Erlöses des Pfandstückes wurden die Pfandgläubiger allerdings dem Range nach[30]) befriedigt. Es bleibt dabei zu bedenken, daß häufig ein öffentliches Aufgebot derjenigen stattfand, die irgendwelche dinglichen Rechte an dem zu versteigernden Pfandobjekt geltend machen konnten und daß solche Gläubiger, die sich nicht gemeldet hatten, bei der Verteilung des Erlöses nicht berücksichtigt wurden, weil sie ihr Recht durch Verschweigung verloren hatten[31]).

Den Grundsatz, nach welchem die Versteigerung mit Erlöschen aller Rechte durchgeführt wurde, bezeichnet die Wissenschaft als den Löschungsgrundsatz. Die natürliche Folge dieses Grundsatzes war der Eintritt der Fälligkeit aller auf dem der Versteigerung unterworfenen Grundstücke haftenden Hypotheken und deren Barberichtigung aus dem Meistgebote. Für die Praxis hatte dieses System eine rasche und einfache Erledigung der Versteigerung. Vor allem gelangte der Ersteher zu dem besonderen Vorteile, ein lastenfreies Objekt zu erhalten. Die Nachteile dieses Systems waren aber größer und schwerwiegender. Der Leidtragende war hier der Hypothekengläubiger, der auf lange Zeit sein Kapital zinstragend angelegt zu haben meinte. Er mußte damit rechnen, daß er im günstigsten Falle das Hypothekenkapital zurückgezahlt erhielt, wenn er nämlich durch das Meistgebot gedeckt wurde. Um sein Geld nicht zu verlieren, mußte er dann das Grundstück durch Mitbieten erstehen. Ferner kam noch hinzu, daß die Barzahlung viele vom Mitbieten abschreckte und durch ein Meistgebot, das infolge seiner geringen Höhe den Wert des Pfandobjektes nicht rechtfertigte, ein sehr ungünstiges Ergebnis der

---

27) Dernburg Pand. S. 640 ff.; Windscheid I S. 1125 ff.

28) Krech-Fischer 1884 S. 21; Krech-Fischer 1894 S. 6.

29) v. Gierke II S. 826; Dernburg Pand. I S. 689/91; Windscheid I S. 1237/42.

30) Windscheid I S. 1227/28; Mot. S. 111/112.

31) Krech-Fischer 1884 S. 23.

Zwangsversteigerung zur Folge hatte. Die Möglichkeit, daß unsolide Bieter das Verfahren mißbrauchten, indem sie von vornherein an die Erfüllung des Versprechens der Barzahlung nicht dachten, war außerordentlich groß[32]. Zu den vielen Mängeln und Nachteilen des Löschungsgrundsatzes gesellte sich noch der, daß auch die dem Antragsteller vorgehenden Hypothekengläubiger zur Tragung der Kosten des Verfahrens herangezogen wurden, falls der Erlös nicht zu deren Deckung ausreichte, da diese Kosten aus den Kaufgeldern vorwegentnommen werden mußten. Bezeichnend für die wirtschaftliche Gefahr, die das Löschungssystem mit sich brachte, war vor allem die rücksichtslose Durchführung der Zwangsversteigerung auch dann, wenn die dem betreibenden Gläubiger vorangehenden Berechtigten nicht gedeckt werden konnten. Die darin begründete Härte wirkte auch auf den Hypothekenschuldner, welcher in vielen Fällen des Grundstücks verlustig wurde, ohne daß seine Schuld an den betreibenden Gläubiger zur Tilgung gelangte.

Zustand vom Beginn der privatrechtlichen Kodifikationen bis zum Reichsrecht

Noch in der älteren preußischen Gesetzgebung — Allgemeines Landrecht 1794/1803, I. Titel 20 §§ 490/491, Allgemeine Gerichtsordnung von 1793/1815[33], Teil I Titel 52, Verordnung vom 4. 3. 1834 über den Subhastations- und Kaufgelderbelegungsprozeß[34], Verordnung vom 28. 12. 1840[35], Subhastationsordnung vom 15. 3. 1869[36], Gesetz über den Eigentumserwerb und die dingliche Belastung der Grundstücke, Bergwerke und selbständigen Gerechtigkeiten vom 5. 5. 1872, § 47[37] und in den auf Grund des § 757 der Zivilprozeßordnung vom 30. 1. 1877[38] von Preußen[39] und den übrigen Bundesstaaten in den Jahren 1879 bis 1881 erlassenen und in den Motiven[40] abgedruckten Zwangsversteigerungsgesetzen — war mit Ausnahme der in einigen Gebietsteilen des Reiches erlassenen Gesetzen[41] der Löschungsgrundsatz beibehalten. Zu den großen Mißbräuchen, die der erwähnte Grundsatz herbeiführte, gehörte besonders der Erwerb kleinerer Grundstücke zum Zwecke der Abrundung größeren Grundbesitzes. Derartiges mußte verhindert werden, weil dadurch nur die Interessen des betreibenden Gläubigers gewahrt wurden. Es war daher Pflicht der neueren Gesetzgebung, vor allem auch an die dem betreibenden Gläubiger vorgehenden Hypotheken zu denken, und so entstand der schon im römischen Recht vorhandene Deckungsgrundsatz[42].

Dieser behandelte die Zwangsversteigerung eines Grundstückes nicht mehr als einen alle Hypothekengläubiger umfassenden Spezialkonkurs, sondern als einen nur den betreibenden Gläubiger berührenden Zwangsvollstreckungsakt,

---

[32] Dernburg BGB. III S. 832.
[33] Allgemeine Gerichtsordnung für die Preußischen Staaten, Verlag Reimer 1842.
[34] PrGesS. 1834 S. 39/46.
[35] PrGesS. 1841 S. 1/8.
[36] PrGesS. 1869 S. 421/51.
[37] PrGesS. 1872 S. 433/445.
[38] RGBl. 1877 S. 83/243.
[39] Ges. 4. 3. 1879, PrGesS. 1879 S. 102/108.
[40] S. 71.
[41] Mot. S. 112.
[42] Stegemann S. 36 ff.; Nußbaum S. 82—84, 289/90; über die allmähliche Entwicklung des Deckungsgrundsatzes siehe auch 10. DJT. 2 S. 220/228; 11. DJT. 2 S. 260/297; 12. DJT. 1 S. 117/133; 12. DJT. 2 S. 252/265; 16. DJT. 1 S. 73/101.

durch welchen die besserberechtigten Hypothekengläubiger nicht beeinflußt werden durften. Da man nun der Ansicht war, es widerstreite dem Begriffe des Verkaufs eines Grundstücks, wenn die betreffenden Hypothekengläubiger verpflichtet sind, eine Befriedigung aus dem Erlöse des Grundstücks anzunehmen, oder das Recht haben, dieselbe zu verlangen, fand der Deckungsgrundsatz seine Ergänzung in dem sogenannten Übernahmegrundsatz. Nach diesem erloschen durch die Zwangsversteigerung die Hypotheken der vorgehenden Gläubiger nicht. Diese Rechte blieben vielmehr bestehen, und sie mußten vom Ersteher übernommen werden[43]. In dieser Sonderbehandlung der vorgehenden Gläubiger lag es weiter begründet, daß nur ein solches Gebot, das deren Rechte deckte, das sogenannte geringste Gebot, zugelassen war. In Preußen kam dieser Deckungs- und Übernahmegrundsatz durch das Gesetz vom 13. 7. 1883 im § 54[44], in Bayern durch das Gesetz vom 29. 5. 1886[45] im Artikel 1 und in Sachsen durch das Gesetz vom 15. 8. 1884[46] in den §§ 10 und 16 zur Anerkennung. Das bayrische Gesetz enthielt allerdings im Artikel 8 die einschränkende Bestimmung, daß für die Sicherungs-(Höchstbetrags-) und bedingten Hypotheken sowie zum Teil für Gesamthypotheken statt der Übernahme Barzahlung verlangt wurde. Bis zur Einführung des Reichsgesetzes über die Zwangsversteigerung und Zwangsverwaltung von Grundstücken erfolgte noch eine Änderung des preußischen Gesetzes vom 13. 7. 1883 durch das Gesetz betreffend den Einfluß von Vorrechtseinräumungen auf das geringste Gebot in dem Verfahren der Zwangsversteigerung vom 30. 5. 1893[47]. Diese Änderung hatte aber keinen Einfluß auf das Deckungsprinzip selbst.

In das bereits angedeutete Reichsgesetz über die Zwangsversteigerung und Zwangsverwaltung vom 24. 3. 1897[48], dessen erster Entwurf mit den Motiven schon im Jahre 1889 in der Öffentlichkeit erschien[49], und dessen zweiter Entwurf zugleich mit einer Denkschrift unter dem 12. 12. 1896 dem Reichstag vorgelegt wurde[50], war der Deckungs- und Übernahmegrundsatz aufgenommen. Eine Ausnahme hiervon wurde durch die Artikel 27 und 31 des preußischen[51] und den Artikel 49 des bayrischen[52] Ausführungsgesetzes zum Zwangsversteigerungsgesetz geschaffen, indem in Preußen und Bayern bei der Zwangsversteigerung von Bergwerkseigentum und bergrechtlichen Gründen und in Preußen außerdem noch bei der Zwangsversteigerung von verfallenen Grundstücken kein geringstes Gebot besteht. Das Meistgebot ist in diesen Fällen in seinem ganzen Betrag bar zu entrichten; es bleibt also kein Recht bestehen[53].

---

[43]) Mot. S. 113 ff.

[44]) PrGesS. 1883 S. 131/188.

[45]) Abgedr. in der Neuen Gesetz- und Verordnungssammlung für das Königreich Bayern, 18. Bd. S. 14 ff.

[46]) Abgedr. im GVBl. für das Königreich Sachsen vom Jahre 1884, 1.—17. Stück S. 223 ff.

[47]) PrGesS. 1893 S. 97.

[48]) RGBl. 1897 S. 97/134; 1898 S. 713/750.

[49]) Entwurf S. 1—365.

[50]) Hahn-Mugdan S. 1—72.

[51]) Vom 23. 9. 1899, PrGesS. 1899 S. 297.

[52]) Vom 9. 6. 1899, abgedr., wie Anm. 45 angegeben, 27. Bd. S. 190.

[53]) Die Zwangsversteigerung eines verfallenen Grundstücks erfolgt unter Zugrundelegung des Allgemeinen Landrechts auf Antrag der Ortspolizeibehörde, wenn der Eigentümer sein Grundstück so vernachlässigt, daß der Einsturz des Gebäudes oder eine Gefahr für die Öffentlichkeit zu befürchten ist, oder das Grundstück durch Feuer oder anderes Unglück zerstört worden ist und der Eigentümer es nicht innerhalb einer bestimmten Frist wieder-

Soweit auf Grund des § 13 des Einführungsgesetzes vom 24. 3. 1897 zum Gesetz über die Zwangsversteigerung und die Zwangsverwaltung[54]) in mehreren Ländern des Reiches, insbesondere in Süddeutschland, die richterlichen Amtshandlungen im Zwangsversteigerungsverfahren, die Anordnung, Aufhebung, Verbindung des Verfahrens oder die Zulassung des Beitritts eines Gläubigers jedoch ausgenommen, den Notaren oder anderen Amtsstellen übertragen sind, gilt für diese auch das in der vorliegenden Arbeit vom Richter Gesagte[55]).

Entwicklung nach dem Inkrafttreten des Reichsgesetzes, besonders nach 1933 und 1945

Nach dem Inkrafttreten des Reichsgesetzes vom Jahre 1897 wurden zunächst einmal aus Anlaß des 1. Weltkrieges Notgesetze erlassen, die nicht besonders aufgeführt werden, da sie nicht mehr bestehen.

Vom Jahre 1933 an erfolgten wegen der veränderten Wirtschaftslage zum Teil einschneidende Änderungen im Zwangsversteigerungsrecht. So wurden folgende, das hier angesprochene Thema betreffenden Gesetze und Verordnungen erlassen[56]):

die Verordnung über Maßnahmen auf dem Gebiete der Zwangsvollstreckung vom 26. 5. 1933 mit den Änderungen vom 22. 3. 1934 und 24. 10. 1934[57]), die unter anderem über ein Mindestgebot und über eine einstweilige Einstellung der Zwangsversteigerung Bestimmungen brachte,

das zweite Gesetz über den landwirtschaftlichen Vollstreckungsschutz vom 27. 12. 1933[58]),

die Verordnung über Maßnahmen auf dem Gebiete des bürgerlichen Streitverfahrens und der Zwangsvollstreckung (Schutzverordnung) vom 1. 9. 1939 in der Fassung vom 4. 12. 1943[59]), die in ihrem Artikel 6[60]) im Gegensatz zu dem durch Artikel 8 Ziffer 6 des Gesetzes zur Wiederherstellung der Rechtseinheit vom 12. 9. 1950[61]) aufgehobenen Gesetz zur Verhütung mißbräuchlicher Vollstreckungsmöglichkeiten vom 13. 12. 1934[62]) weitergalt,

die Verordnung über die Behandlung wiederkehrender Leistungen bei der Zwangsvollstreckung in das unbewegliche Vermögen vom 31. 3. 1936[63]).

---

herstellt. Bei der Lösung der Frage, ob auch die durch Krieg zerstörten Ruinen dazu gehören, wird man grundsätzlich den Standpunkt vertreten, daß bei Erlaß der früheren Bestimmung nicht an eine solche Massenerscheinung gedacht war, wie sie durch den Krieg aufgetreten ist. Die Besorgnis, daß Unfälle durch ein verfallenes Grundstück eintreten, würde bei mancher durch den Krieg entstandenen Ruine auch gegeben sein. Die Ortspolizeibehörde wird aber wohl nur dann von ihrem Recht Gebrauch machen, wenn ein hartnäckiger Fall vorliegt, der Veranlassung geben könnte, das Grundstück zur Versteigerung zu bringen und durch einen neuen Eigentümer einen Wandel eintreten zu lassen.

[54]) RGBl. 1898 S. 750.

[55]) Vergl. Wolff ZVG. § 13 EGZVG. Anm. 1, Korintenberg-Wenz § 13 EGZVG. Anm. 1.

[56]) Diese sind aber inzwischen grundsätzlich aufgehoben, können jedoch in Zwangsversteigerungsverfahren, die vor dem 1. 10. 1953 anhängig geworden sind, noch zur Anwendung kommen — siehe Ausf. S. 15—16.

[57]) RGBl. I, 1933 S. 302 und 1934 S. 231, 1070.

[58]) RGBl. I S. 1115.

[59]) RGBl. I S. 666.

[60]) Siehe hierüber Ausführungen Jonas-Pohle S. 173/185.

[61]) BGBl. I S. 455.

[62]) RGBl. I S. 1233.

[63]) RGBl. I S. 363, hierzu s. Jonas-Pohle S. 350—356.

die Verordnung über die Behandlung von Geboten in der Zwangsversteigerung vom 30. 6. 1941[64]) mit dem Durchführungserlaß des früheren Reichskommissars für die Preisbildung und der beteiligten Ministerien vom 15. 9. 1941[65]) und mit den Änderungen der Verordnung vom 27. 1. 1944[66]) — die sogenannte Geboteverordnung —, welche die Mißhelligkeiten ausschalten sollte, die sich notwendig aus der Festsetzung des höchstzulässigen Gebotes durch die Preisbehörde ergeben mußten[67]).

Vom Jahre 1945 wurden noch folgende Gesetze erlassen, die für die Behandlung des Themas in Betracht kommen:

das Gesetz über die Behandlung wiederkehrender Leistungen bei der Zwangsvollstreckung in das unbewegliche Vermögen vom 4. 4. 1950[68]) in der Änderung des Gesetzes vom 14. 6. 1951[69]) und vom 5. 4. 1952[70]) — in Westberlin übernommen durch Gesetz vom 12. 6. 1952[71]) —,

das Gesetz über das Wohnungseigentum und das Dauerwohnrecht (Wohnungseigentumsgesetz) vom 15. 3. 1951[72]) — in Westberlin übernommen durch Gesetz vom 2. 8. 1951[73]) — und

das mit dem 1. 10. 1953 in Kraft getretene Gesetz über Maßnahmen auf dem Gebiete der Zwangsvollstreckung vom 20. 8. 1953[74]) — in Westberlin mit dem gleichen Tage der Inkraftsetzung übernommen durch Gesetz vom 2. 9. 1953[75]).

Durch letztgenanntes Gesetz wurden die auf Seite 14 und dieser Seite aufgeführten Gesetze und Verordnungen aus den Jahren 1933—1945 aufgehoben. Es wurden allerdings die Verordnung vom 26. 5. 1933 mit ihren Bestimmungen über das Mindestgebot und die einstweilige Einstellung der Zwangsvollstreckung und die Verordnung über die Behandlung wiederkehrender Leistungen bei der Zwangsvollstreckung in das unbewegliche Vermögen vom 31. 3. 1936 mit einigen Änderungen in das Zwangsversteigerungsgesetz hineingearbeitet. Gleichzeitig wurde bestimmt, daß in Zwangsversteigerungsverfahren, in denen die Beschlagnahme des Grundstückes vor dem Inkrafttreten des Gesetzes, also dem 1. 10. 1953, bewirkt wurde, die weitere Durchführung des Verfahrens sich nach dem bisher geltenden Recht, also auch nach den vorstehend erwähnten zur Aufhebung gekommenen Gesetzen und Verordnungen richtet; es wurde hierbei jedoch die Einschränkung gemacht, daß das Gericht über Rechtsbehelfe, Einstellungsmöglichkeiten und Maßnahmen zu-

---

64) RGBl. I S. 354, 370.

65) DJ. S. 957.

66) RGBl. I S. 47.

67) Das in dieser Verordnung vorgesehene höchstzulässige Gebot durfte bis zu seinem endgültigen Wegfall — siehe Ausführungen S. 16 — im Bundesgebiet für Zwangsversteigerungen von bebauten Grundstücken und Trümmergrundstücken nicht mehr zur Anwendung kommen. (Runderlaß des Bundeswirtschaftsministers vom 2. 1. 1953 — BWMBl. S. 4 — in Anlehnung an die VO. Pr. 75/52 über die Aufhebung der Preisvorschriften für den Verkehr mit bebauten Grundstücken vom 28. 11. 1952 — BGBl. I S. 792 —).

68) BGBl. S. 81.

69) BGBl. S. 396.

70) BGBl. S. 229.

71) GVBl. Berlin 1952 S. 383.

72) BGBl. I S. 175.

73) GVBl. Berlin S. 547.

74) BGBl. S. 952.

75) GVBl. Berlin S. 1016.

gunsten des Schuldners, die durch das Gesetz geschaffen, erweitert oder beschränkt worden sind, nach neuem Recht entscheiden muß, ferner dem Mindestgebot der nunmehr im Gesetz als Grundstückswert verankerte Verkehrswert insoweit dem geringsten Gebot nicht zugrunde zu legen ist, als beim Inkrafttreten des Gesetzes ein Versteigerungstermin bereits anberaumt war, und schließlich, daß das höchstzulässige Gebot nicht mehr zur Anwendung kommt.

Ferner wurden folgende Gesetze, die auch für das Zwangsversteigerungsrecht, vor allem für die Berücksichtigung der Grundpfandrechte im geringsten Gebot eine besondere Bedeutung erhalten haben, erlassen:

a) das Bundesgebiet betreffend,

das im Jahre 1948 erlassene Dritte Gesetz zur Neuordnung des Geldwesens (für die amerikanischen und britischen Kontrollgebiete Gesetz Nr. 63 und für das französische Kontrollgebiet Verordnung Nr. 160)[76]),

das Gesetz zur Sicherung von Forderungen für den Lastenausgleich vom 2. 9. 1948[77]) mit seinen beiden Durchführungsverordnungen vom 7. 9. 1948 und 8. 8. 1949[78]) und

das Lastenausgleichsgesetz vom 14. 8. 1952[79]),

b) Westberlin betreffend,

das Gesetz über die Umstellung von Grundpfandrechten und über Aufbaugrundschulden vom 9. 1. 1951/15. 1. 1953[80]) und

das Lastenausgleichsgesetz vom 1. 10. 1952[81]).

Schließlich kommen für das Thema dieser Arbeit eventuell in Betracht:
das Gesetz zur Ausführung des Abkommens vom 27. 2. 1953 über deutsche Auslandsschulden vom 24. 8. 1953 — in Westberlin übernommen durch Gesetz vom 2. 9. 1953 —, das den Auslandsgläubigern unter gewissen Voraussetzungen bei der Anwendung des Lastenausgleichsgesetzes Rangvorrechte gewährt[82]) und

die Fünfte Durchführungsverordnung über Ausgleichsabgaben nach dem Lastenausgleichsgesetz vom 21. August 1953 — sowohl für das Bundesgebiet als auch für Westberlin geltend —, die Vorschriften über Rangänderungen von Umstellungs- und Aufbaugrundschulden und über die Verfügung von Aufbaugrundschulden enthält[83]).

---

[76]) Abgedr. Harmening-Duden S. 28/41.

[77]) Kurz Hypothekensicherungsgesetz genannt, WiGBl. 1948 S. 87.

[78]) WiGBl. 1948 S. 88 bzw. WiGBl. 1949 S. 233.

[79]) BGBl. S. 446.

[80]) Kurz Grundpfandrechtumstellungsgesetz genannt, VOBl. Berlin S. 71, GVBl. Berlin S. 61; Neufassung GVBl. Berlin S. 63.

[81]) GVBl. Berlin S. 785.

[82]) u. [83]) BGBl. 1953 S. 1003 ff. bzw. GVBl. Berlin 1953 S. 1031 ff. und BGBl. 1953 S. 1030 ff. bzw. GVBl. Berlin 1953 S. 1048 ff. Die Klärung dieser beiden Materien erfolgt durch das Finanzamt. Für eine etwaige Berücksichtigung im geringsten Gebot muß der Zwangsversteigerungsrichter die Regelung durch das Finanzamt bescheinigt vorfinden.

III. Zwangsversteigerung im Wege der Zwangsvollstreckung

Allgemeines

Umfang des geringsten Gebots

Nach dem heute geltenden Zwangsversteigerungsrecht setzt sich das geringste Gebot, ohne dessen Erreichung der Zuschlag nicht erteilt werden darf (§ 44 Absatz 1 ZVG.), gemäß §§ 49 Absatz 1 und 52 ZVG. aus zwei Teilen zusammen, nämlich

a) aus dem bar zu zahlenden Teile und

b) aus den bestehenbleibenden Rechten.

Ziffernmäßig umfaßt das geringste Gebot nur jene Ansprüche, die bar zu zahlen sind. Die bestehenbleibenden Rechte dienen nur zur Ergänzung des geringsten Gebotes. In diesem Gebot ist der sogenannte Deckungsgrundsatz enthalten, nach dem die dem das Zwangsversteigerungsverfahren betreibenden Gläubiger vorgehenden Rechte zu wahren sind (§ 52 ZVG.).

Neben diesem geringsten Gebot kennt das Zwangsversteigerungsgesetz noch das Meistgebot. Dieses setzt sich zusammen aus dem geringsten Gebot und dem darüber hinaus gebotenen Mehrbetrag, der grundsätzlich in bar, gegebenenfalls mit Zahlungsfristen zu entrichten ist (Mehrgebot). Der bar zu zahlende Betrag des geringsten Gebotes und des Mehrgebotes ergeben wiederum das Bargebot (§ 49 Absatz 1 ZVG.). Das Mehrgebot dient zur Befriedigung aller derjenigen Rechte, die nicht in das geringste Gebot aufgenommen sind und somit nicht bestehenbleiben, in erster Linie zur Befriedigung des die Zwangsversteigerung betreibenden Gläubigers. Zu diesem Mehrgebot kommen unter Umständen noch die Ersatzzahlungen des Erstehers, wie sie sich aus den §§ 50 und 51 ZVG. ergeben, und auf die in der Arbeit an verschiedenen Stellen eingegangen ist.

Für die Zulassung von Geboten ist aber noch die Einhaltung eines Mindestgebots erforderlich. Dieses hatte ursprünglich seine Grundlage in den §§ 1—3 der bereits auf Seite 14 erwähnten Verordnung über Maßnahmen auf dem Gebiete der Zwangsvollstreckung vom 26. 5. 1933, deren Bestimmungen mit einer Änderung des dem Gebot zugrunde liegenden Grundstückswertes durch das vor kurzem erlassene Gesetz über Maßnahmen auf dem Gebiete der Zwangsvollstreckung vom 20. 8. 1953[1]) als §§ 74 a, 74 b und 114 a in das Zwangsversteigerungsgesetz übernommen wurde. Danach braucht das Grundstück unter Umständen nicht unter sieben Zehnteilen des Grundstückswertes zugeschlagen zu werden. Zweck dieser Bestimmung ist, zugunsten des Schuldners oder eines ausfallenden Berechtigten eine Verschleuderung des Grundstücks zu vermeiden und den Gläubiger nach Möglichkeit zwangsweise weitgehendst zu befriedigen.

Bis zum Inkrafttreten des im vorstehenden Absatz erwähnten Gesetzes bestand noch ein höchstzulässiges Gebot, das durch die auf S. 15 er-

---

[1]) BGBl. S. 952; in Westberlin übernommen durch Ges. vom 2. 9. 1953 — GVBl. Berlin S. 1016.

wähnte Geboteverordnung vom 30. 6. 1941/27. 1. 1944 geschaffen war. Dieses Gebot wurde von der Preisbehörde festgestellt und mußte in der Terminsbekanntmachung mit dem Hinweis angegeben werden, daß jeder am Vollstreckungsverfahren Beteiligte die Beschwerde bei der Preisbehörde erheben konnte[2]). Besonders das Erfordernis des letzten Gebotes hatte nicht selten dazu geführt, daß der Richter im Versteigerungstermin überhaupt kein Gebot zulassen konnte und das Verfahren deshalb zur Aufhebung kam.

Das Mindestgebot ist bei allen Arten der Zwangsversteigerungen, wie sie das Zwangsversteigerungsgesetz zuläßt, zu beachten. Da die hier vorliegende Arbeit sich nur mit den rechtlichen Beziehungen zwischen dem geringsten Gebot und der Hypothek, Grund- und Rentenschuld beschäftigt, erübrigt es sich, an den einzelnen Stellen der Arbeit auch auf die Einhaltung des Mindestgebots hinzuweisen[3]).

Nun wieder zum eigentlichen Thema zurück!

Um das Wesen des geringsten Gebotes zu verstehen, ist vor allem erforderlich die genaue Kenntnis der im § 10 des ZVG. vorgesehenen Rangordnung der im Verfahren zu berücksichtigenden Ansprüche und ihrer Unterscheidung in persönliche und dingliche Ansprüche[4]).

Neben den Kosten der Zwangsverwaltung, den Lidlöhnen, den öffentlichen Lasten und den Kosten des Verfahrens (§§ 10, 1—3, 109 ZVG.) kommt eine Hypothek mit den erstattungsfähigen Kosten des Verfahrens (§ 10 Absatz 2 ZVG.), den Zinsen und den anderen Nebenleistungen (§§ 12 Nummer 2, 10 Nummer 4 ZVG.) insoweit in das geringste Gebot, als sie dem betreibenden Gläubiger vorgeht (§§ 44 Absatz 1 ZVG.). Die erstattungsfähigen Kosten, Zinsen und anderen Nebenleistungen der Hypothek fallen in den bar zu zahlenden Teil des geringsten Gebotes (§ 49 Absatz 1 ZVG.), während der Hauptanspruch der Hypothek gemäß §§ 49 Absatz 1, 52 ZVG. als bestehenbleibendes Recht zu berücksichtigen ist[5]). Die durch Barzahlung zu deckenden Rechte des geringsten Gebotes, der Hauptanspruch des betreibenden Gläubigers und die ihm gleich- und nachstehenden Rechte erlöschen. Dies gilt aber nur für die dingliche Belastung des Grundstückes, während die persönliche Schuld bestehenbleibt.

Nach § 59 ZVG. ist jedem Beteiligten die Möglichkeit gegeben, eine von den gesetzlichen Vorschriften abweichende Feststellung des geringsten Gebotes und der Versteigerungsbedingungen zu verlangen, wobei entweder der Beeinträchtigte zustimmen oder ein doppeltes Ausgebot stattfinden muß. Mit dieser Be-

---

[2]) In einigen Ländern Westdeutschlands wurde nach Verordnungen aus den Jahren 1947 und 1948 der Betrag dieses Gebotes durch das für Landwirtschaftssachen zuständige Amtsgericht unter Zuziehung von Landwirtschaftsrichtern festgesetzt.

[3]) Im Schlußteil ist noch eine besondere Würdigung des Mindestgebots und höchstzulässigen Gebots erfolgt.

[4]) Siehe hierzu grundlegende Ausführungen mit Beispielen Loeber S. 21—25, Meyer-Zöller S. 44—46.

[5]) Auch ein Dauerwohnrecht, mit dem das Grundstück belastet ist, kann infolge besonderer Vereinbarung und Zustimmung des betreibenden Gläubigers, dessen Grundpfand oder Realrecht vorgeht oder gleichsteht, abweichend von § 44 ZVG. bestehenbleiben, und zwar gemäß §§ 39, 40 des Ges. über das Wohnungseigentum und das Dauerwohnrecht — Wohnungseigentumsgesetz — vom 15. 3. 1951 (BGBl. I S. 175), übernommen für Westberlin durch gleichnamiges Gesetz vom 2. 8. 1951 (GVBl. Berlin S. 547); weitere Ausführungen über die Auswirkung auf das geringste Gebot siehe Weitnauer-Wirts zu § 39 Anm. 7 ff.

stimmung soll ein möglichst hoher Nutzen aus der Versteigerung erzielt werden; aus diesem Grunde kann auch das Vollsreckungsgericht im Interesse der Beteiligten andere Versteigerungsbedingungen anregen und hierzu einen besonderen Termin bestimmen (§§ 59, 62 ZVG.)[6]). Auf die hierfür gegebenen Möglichkeiten ist an den verschiedensten Stellen der Arbeit noch eingegangen.

Der Anspruch des betreibenden Gläubigers als Grundlage

Für die gesetzliche Berücksichtigung der Hypothek im geringsten Gebot dient als Hauptgrundlage der Anspruch des betreibenden Gläubigers. Ist dieser ein Hypothekengläubiger, so ist der Rang seiner Hypothek maßgebend (§ 11 Absatz 1 ZVG.). Handelt es sich aber um einen persönlichen Gläubiger, dann kommt der Zeitpunkt der Beschlagnahme (§§ 22, 27 ZVG.) in Betracht (§ 11 Absatz 2 ZVG.).

Für eine Hypothek im geringsten Gebot selbst ist gemäß § 10 Nummer 4 ZVG. Bedingung, daß sie infolge der Beschlagnahme dem betreibenden Gläubiger gegenüber nicht unwirksam geworden ist. Die Rangordnung der Hypothek im geringsten Gebot selbst wird wiederum zunächst nach den Vorschriften des Bürgerlichen Rechts bestimmt. Es entscheidet also bei den hier zu behandelnden Hypotheken die Reihenfolge der Eintragungen. Sind auf einem Grundstücke, das einem anderen Grundstücke zugeschrieben worden ist, vor der Zuschreibung bereits Hypotheken eingetragen, so gehen diese nach § 1131 BGB. jenen Hypotheken im Range vor, die auf dem Grundstücke, dem zugeschrieben ist, haften.

Unter den infolge der Beschlagnahme dem Gläubiger gegenüber nicht unwirksam gewordenen Hypotheken sind im allgemeinen die vor der Beschlagnahme im Grundbuche bereits eingetragenen und die gemäß §§ 1287 BGB. und 848 Absatz 2 ZPO. ohne Eintragung entstandenen Hypotheken zu verstehen[7]). Dieses bezieht sich auch auf die Zinsen der Hypothek, wobei eine gesetzlich erfolgte Zinssenkung grundsätzlich von Amts wegen zu berücksichtigen ist. Verlangt aber der Gläubiger den ungesenkten Zinsfuß, so ist er ihm vorbehaltlich der Widerspruchsrechte der Benachteiligten zuzuteilen[8]). Ist der Zinsfuß nach der Beschlagnahme erhöht worden (selbst in den Grenzen des § 1119 BGB., das heißt bis zu 5 vom Hundert), so ist diese Erhöhung bei der Feststellung des geringsten Gebotes dem betreibenden Gläubiger gegenüber unwirksam[9]). Der Zeitpunkt der Beschlagnahme selbst hat für die Berechnung wiederkehrender Leistungen der im geringsten Gebot zum Ansatz kommenden Hypotheken Bedeutung. Die Grenze zwischen den laufenden und rückständigen Zinsen ist gemäß § 13 Absatz 1 ZVG. in seiner Neufassung dahingezogen, daß als laufend der letzte vor der Beschlagnahme des Grundstücks fällig gewordene Betrag sowie die später fällig werdenden Beträge angesehen werden und die älteren Beträge dann die Rückstände darstellen. Bei mehreren Beschlagnahmen ist die erste maßgebend, die unter Umständen eine früher in einem Zwangsverwal-

---

[6]) Lupprian S. 43—44.

[7]) Fischer-Schaefer § 10 zu Nr. 4, 3. Absatz; Jaeckel-Güthe § 10 Anm. 16. Eine Ausnahme hiervon tritt ein, wenn eine Hypothek zwischen zwei zeitlich verschiedenen Beschlagnahmen eingetragen ist und der Zwangsversteigerungsantrag, auf Grund dessen die erste Beschlagnahme erfolgte, fortgefallen ist — siehe S. 24.

[8]) Wilhelmi-Vogel § 114 Anm. 4.

[9]) OLG. Hamburg, OLG. 26, 136; Jaeckel-Güthe § 23 Anm. 3; Fischer-Schaefer § 23 Anm. 1 Abs. 3; Wolff ZVG. Anm. 4; v. d. Pfordten § 23 Anm. 2 a und Korintenberg-Wenz § 10 Anm. 4 letzter Absatz.

tungsverfahren erfolgte Beschlagnahme sein kann, falls die Zwangsverwaltung im Augenblick der Zwangsversteigerungsbeschlagnahme noch fortdauerte (§ 13 Absatz 4 ZVG. neuster Fassung). Bei der ersten Beschlagnahme bleibt es, auch wenn das Verfahren nach Zurücknahme oder Aufhebung des ersten Versteigerungsantrages für einen später beigetretenen Gläubiger fortgesetzt wird[10]). Die laufenden Zinsen werden für die Zeit bis zum Ablauf von 2 Wochen nach dem Versteigerungstermin berechnet (§ 47 ZVG.).

Die Tilgungsbeiträge einer im geringsten Gebot berücksichtigten Amortisationshypothek werden, soweit sie gezahlt sind, beziehungsweise noch im Verfahren (nicht durch Zwangsbeitreibung aus dem Grundstücke) entrichtet werden, nach herrschender Meinung mit dem Hauptanspruch als bestehenbleibendes Recht in das geringste Gebot (§ 52 ZVG.) aufgenommen. Sie kommen als Eigentümerhypothek für den Grundstückseigentümer zum Ansatz, der die Beträge gezahlt hat (§ 1163 Absatz 2 BGB.). Sind die Beträge dagegen von dem persönlichen Schuldner, einem Bürgen oder einem sonst hierzu Berechtigten entrichtet worden (§§ 268, 774, 1150, 1164 BGB.), dann erfolgt der Ansatz für diese[11]). Stets hat aber der Restanspruch des Gläubigers den Vorrang (§§ 268, 426, 774, 1143, 1164, 1176 BGB.)[12]). Sind gezahlte Amortisationsbeträge, wie dieses häufig bei landwirtschaftlichen Amortisationsdarlehen satzungsgemäß vorgeschrieben ist[13]), zu einem Tilgungsfonds angesammelt, so kommen diese für den Gläubiger solange zum Ansatz, bis zwischen den Berechtigten die Verrechnung erfolgt ist[14]).

Eine weitere Ausnahme von der Regel, daß gezahlte Tilgungsbeträge einer im geringsten Gebot berücksichtigten Hypothek mit dem Hauptanspruch gleichfalls bestehenbleiben, ist bei der A b g e l t u n g s h y p o t h e k gegeben. Diese wurde geschaffen gemäß Verordnung zur Durchführung der Verordnung über die Aufhebung der Gebäudeentschuldungssteuer vom 31. 7. 1942[15]). Danach war die Hauszinssteuer durch ein einmaliges Abgeltungs d a r l e h e n bis zum 31. 12. 1942 abzulösen. Zur Beschaffung der Mittel konnte der Grundstückseigentümer, gegebenenfalls durch Vermittlung des Finanzamtes, ein Darlehen bei einem Institut aufnehmen, das für den Eigentümer das Abgeltungsdarlehen zu entrichten hatte; der Eigentümer schuldete dann dem Institut den Betrag als öffentliche Last des Grundstücks. Dieses konnte und kann auch heute noch für die Darlehen die Bestellung einer Abgeltungs h y p o t h e k mit dem Vorrange vor allen am Grundstück bestehenden Rechten verlangen. Steht nun solche Hypothek im geringsten Gebot, so erlischt sie gemäß § 8 Absatz 3 der

---

[10]) Fischer-Schaefer § 13 Anm. 2; Betreiben der Zwangsversteigerung seitens mehrerer Gläubiger: S. 24 ff.; Lupprian § 13 Anm. 3; Brand-Baur S. 109.

[11]) Vergl. Jaeckel-Güthe § 10 Anm. 18 und die daselbst angezogene Literatur und Rechtsprechung. In der Praxis ist es allerdings bei der Aufstellung des geringsten Gebots unerheblich, festzustellen, für w e n der Anspruch bestehen bleibt. Es genügt gemäß § 44 ZVG. der Ansatz der Hypothek als solche.

[12]) RGZ. 131, 326; Achilles-Greiff § 1143 Anm. 6; Wilhelmi-Vogel §§ 10 und 11 Anm. 5; vergl. auch Ausführungen Palandt: Überblick vor § 1113 BGB. Anm. 2 B d aa) Einzelheiten.

[13]) EGBGB. Art. 167; AGGBO. Art. 21; EGZVG. § 2.

[14]) Jaeckel-Güthe § 10 Anm. 18 letzter Absatz, die daselbst angezogene Literatur und Rechtsprechung, ferner Sächs. Arch. 1916 S. 420 ff.; Achilles-Greiff § 1163 Anm. 2; Schaefer S. 93.

[15]) RGBl. I S. 503.

erwähnten Verordnung in Höhe des getilgten Teiles und erscheint nach einer entsprechend erfolgten Anmeldung nur in Höhe des noch bestehenden Restbetrages im geringsten Gebot[16]).

Bisher war die Rede von den geleisteten Tilgungsbeträgen einer im geringsten Gebot zu berücksichtigenden Hypothek. Wie ist es nun mit den nicht gezahlten Tilgungsbeträgen? Diese sind im Sinne von § 1176 BGB. nach § 10 Absatz 1 Nr. 4 ZVG. in seiner Neufassung ohne Rücksicht auf die Dauer der Rückstände in Rangklasse 4 zu berücksichtigen. Die Tilgungshypothek selbst bleibt dann unter Abzug der aus dem Bargebot zu befriedigenden Tilgungsraten bestehen, denn in Höhe derselben erlischt sie mit der Befriedigung[17]). Verzichtet im Falle der nicht erfolgten Zahlung der Gläubiger auf die Hypothek in Höhe des nicht gezahlten Teiles (§§ 1168, 1169 BGB.), dann kommen diese Beträge mit dem alten Range als Eigentümerhypothek, mithin in unserem Falle auch im geringsten Gebot zum Ansatz[18]).

Einfluß des Grundbuches

Eine weitere Grundlage für die im geringsten Gebot aufzunehmenden Hypotheken bildet gemäß § 45 ZVG. das Grundbuch nach dem Stande zur Zeit der Eintragung des Versteigerungsvermerkes. Auch wenn die unter Beachtung des § 1141 BGB. erfolgte Kündigung einer Hypothek oder das Vorhandensein einer aus dem Grundbuch nicht ersichtlichen Tatsache, infolge deren der Anspruch vor der Zeit geltend gemacht werden kann (§ 54 ZVG.), angemeldet wird, bleibt die Hypothek, vorausgesetzt, daß sie dem betreibenden Gläubiger vorgeht, bestehen, und zwar als eine fällige[19]).

Wenn ein betreibender Gläubiger behauptet, eine eingetragene Hypothek sei ihm gegenüber unwirksam, zum Beispiel wenn bei einer Hypothek die Einigung nicht erfolgt oder die vorhandene Einigung nichtig ist, oder wenn die Hypothek aus dem Grundstücke selbst oder aus den mithaftenden Gegenständen — auch in einer Zwangsverwaltung — Befriedigung erlangt hat (§ 1181 BGB.), dann bleibt auch das Grundbuch ausschlaggebend. Der betreibende Gläubiger hat in diesem Falle gegebenenfalls den Prozeßweg zu beschreiten. Es ist nicht etwa Sache des Versteigerungsrichters, hier die Entscheidung zu fällen. Hat aber der betreibende Gläubiger bis zur Aufforderung zur Abgabe von Geboten ein rechtskräftiges Urteil vorgelegt, nach dem die Unwirksamkeit der betreffenden Hypothek festgestellt ist, oder liegen dem Richter bis zum genannten Termine die zur Löschung erforderlichen Urkunden vor, dann ist die Hypothek auch bei Feststellung des geringsten Gebotes als nicht bestehend zu behandeln[20]). Auch

---

[16]) Wilhelmi-Vogel § 45 Anm. 1; Drischler Rpfl. 1951, S. 299 ff.; LG. Köln Dtsch. Rspr. IV/420/45 a; OLG. Celle in Nds. Rpfl. S. 50, 118; KG. in DNotZ. 1950 Heft 2 S. 64. — Ist es nicht zur Eintragung der Hypothek gekommen, sondern bei dem Abgeltungs d a r l e h e n als öffentliche Last des Grundstücks verblieben, so hat das Darlehen mit seinen laufenden und rückständigen Zinsbeträgen den Rang des § 10 Absatz 1 Ziff. 3 ZVG. und kommt somit in seiner vollen Höhe in den b a r zu zahlenden Teil des geringsten Gebots: Nölte Dtsch. Recht 1943 S. 860 — weitere eingehende Ausführungen über das Abgeltungsdarlehen und die Abgeltungshypothek siehe Jonas-Pohle S. 363/365.

[17]) Wilhelmi-Vogel § 52 Anm. 4; Kaps: Die Tilgungshypothek im Dtsch. Recht 1941 S. 419.

[18]) Jaeckel-Güthe § 10 Anm. 18.

[19]) Nußbaum S. 104/105 zu VI.

[20]) Vergl. Jaeckel-Güthe § 45 Anm. 2; Wilhelmi-Vogel § 45 Anm. 1.

im umgekehrten Falle ist ein Berechtigter, der behauptet, daß sein Recht trotz der vorherigen Eintragung des Zwangsversteigerungsvermerkes im Grundbuche dem betreibenden Gläubiger gegenüber wirksam ist, etwa weil der Antrag auf Eintragung seiner Hypothek vor Anordnung des Zwangsversteigerungsverfahrens eingegangen sei, auf den Prozeßweg zu verweisen[21]).

Wenn zur Sicherung des Anspruches auf Löschung eine Vormerkung gemäß § 1179 BGB. eingetragen, die Hypothek im Grundbuch aber nicht gelöscht ist, so wird bei der Aufstellung des geringsten Gebotes die Hypothek für den Gläubiger zum Ansatz gebracht[22]). Die Berücksichtigung unterbleibt, wenn die zur Löschung erforderlichen Urkunden oder ein dementsprechendes rechtskräftiges Urteil im Versteigerungstermin vorgelegt werden. Es kommt dann die Hypothek nicht zum Ansatz[23]).

Bedingte Hypotheken werden bei der Feststellung des geringsten Gebotes wie unbedingte, durch Eintragung eines Widerspruchs oder einer Vormerkung gesicherte Hypotheken wie eingetragene Hypotheken behandelt (§§ 48 ZVG.). Man ist wahrscheinlich hier von der Erwägung ausgegangen, daß die Hypothek bei der Feststellung des geringsten Gebotes aus Gründen der Rechtssicherheit nicht von einer Bedingung abhängig gemacht werden kann. Ist eine Hypothek für eine bedingte Forderung eingetragen (§ 1113 Absatz 2 BGB.) und die Bedingung der Forderung ausgefallen, so kommt die Hypothek noch als Eigentümerhypothek in das geringste Gebot (§§ 1163, 1177 BGB.)[24]). Wenn aber eine an sich selbst bedingte Hypothek durch den Ausfall einer aufschiebenden oder den Eintritt einer auflösenden Bedingung weggefallen ist und dieses nachgewiesen wird, so findet sie bei der Aufstellung des geringsten Gebotes keine Berücksichtigung. Ist bei letzterer Hypothek das Nichtbestehen erst nach dem Zuschlage eingetreten, die Hypothek im geringsten Gebot also berücksichtigt, dann tritt die Erweiterungspflicht gemäß § 50 ZVG. ein. Ist für eine zu Unrecht gelöschte Hypothek ein Widerspruch eingetragen, dann wird die Hypothek mit ihrem alten Range im geringsten Gebot berücksichtigt. Die spätere Feststellung hingegen, daß es sich nicht um eine versehentliche, sondern um eine berechtigte Löschung handelt, hat zur Folge, daß hier die bereits erwähnte Erweiterungspflicht gemäß §§ 50, 125 ZVG. eintritt. Also schon bei der Aufstellung des geringsten Gebotes muß sich der Ersteher darüber klar sein, daß er später eventuell für eine im geringsten Gebot stehengebliebene Hypothek den baren Betrag zu erstatten hat.

Formelle Erfordernisse

Werden die Hypotheken mit deren Zinsen und Kosten (§ 10 Absatz 2 ZVG.) ohne weiteres im geringsten Gebot zum Ansatz gebracht? Diese Frage beantwortet der § 45 ZVG. Danach kommen Hypotheken, die vor der Eintragung

---

[21]) OLG. 17 S. 352.

[22]) Palandt § 1179 Anm. 5. Bei der Aufstellung des geringsten Gebotes ist in der Praxis übrigens eine Feststellung, für wen ein Anspruch bestehenbleibt, nicht erforderlich, da gemäß § 44 ZVG. nur der Ansatz der Hypothek als solche in Betracht kommt. Anders ist es aber bei den gemäß § 49 Absatz 1 ZVG. in den bar zu zahlenden Teil des geringsten Gebotes fallenden erstattungsfähigen Kosten, Zinsen und anderen Nebenleisungen der Hypothek; bei deren Ansatz ist der Berechtigte zu erwähnen.

[23]) Jaeckel-Güthe § 45 Anm. 2, RGZ. 57, 209 ff.

[24]) Fischer-Schaefer § 48 Anm. 2.

des Zwangsversteigerungsvermerks eingetragen sind und dem betreibenden Gläubiger vorgehen, mit den laufenden Zinsen ohne Anmeldung, also von Amts wegen in das geringste Gebot. Soweit eine Briefhypothek ohne Grundbucheintragung abgetreten ist (§§ 1154, 1155 BGB.) oder ein gesetzlicher Übergang einer Hypothek stattgefunden hat (§§ 268, 401, 412, 426 Absatz 2, 774, 1143, 1150, 1153 BGB.), findet die Berücksichtigung für den neuen Berechtigten nur statt, wenn die Abtretung angemeldet und erforderlichenfalls glaubhaft gemacht ist. Ferner sind die erstattungsfähigen Kosten (§ 10 Absatz 2 ZVG.)[25]) anzumelden und erforderlichenfalls glaubhaft zu machen. Für die aus den letzten beiden Jahren rückständigen Zinsen der Hypotheken, bei deren Berechnung im Bundesgebiet und in Berlin gemäß der auf S. 15 angeführten Gesetze vom 14. 6. 1951, 5. 4. 1952 und 12. 6. 1952 die Zeit vom 1. 1. 1945 bis 31. 12. 1950 nicht eingerechnet wird[26]), und für die Kosten der Kündigung und der die Befriedigung aus dem Grundstücke bezweckenden Rechtsverfolgung ist auch eine Anmeldung erforderlich, nur braucht eine Glaubhaftmachung nicht stattzufinden. Wird die Anmeldung oder die Glaubhaftmachung, die rechtzeitig, das heißt spätestens im Versteigerungstermine vor der Aufforderung zur Abgabe der Gebote zu erfolgen hat, unterlassen, so kommt der säumige Berechtigte mit seinem Anspruche nicht in das geringste Gebot. Die Hypothekenzinsansprüche wegen der älteren als der zweijährigen Rückstände können nie in das geringste Gebot fallen, da sie in der 8. Klasse, also nach dem Anspruch des betreibenden Gläubigers eo ipso berücksichtigt werden müssen. Dieses ändert sich auch dann nicht, wenn diese Zinsen auf Grund eines ius offerendi gezahlt und geltend gemacht sind.

Behandlung des Anspruches des betreibenden Gläubigers

beim Vorhandensein eines Gläubigers

Der Anspruch des betreibenden Gläubigers selbst wird, wie aus dem Deckungsprinzip (§ 44 Absatz 1 ZVG.) folgt, grundsätzlich im geringsten Gebot nicht berücksichtigt. § 12 ZVG. bestimmt die Rangordnung der Ansprüche aus e i n e m in derselben Klasse zu befriedigenden Rechte dahin, daß zuerst die Kosten der Kündigung und der die Befriedigung aus dem Grundstücke bezweckenden Rechtsverfolgung, dann die wiederkehrenden Leistungen und anderen Nebenleistungen und an letzter Stelle der Hauptanspruch zu berücksichtigen sind. Diese Vorschrift hat für die Feststellung des geringsten Gebotes keine Bedeutung. Sie kommt nur bei der Ausführung des Teilungsplanes zur Anwendung, indem bei unzureichender Masse die Zuteilung zuerst auf die Kosten, dann auf die Zinsen und zuletzt auf den Hauptanspruch erfolgt[27]). Ein wirkliches Rangverhältnis im Sinne des BGB. liegt nur dann vor, wenn zwischen den einzelnen Teilen der Hypothek ein verschiedener Rang eingetreten ist, oder wenn das Verfahren lediglich wegen älterer als zweijähriger Zinsrückstände einer Hypothek betrieben wird. Im letzteren Falle kommen die genannten Zinsen in der 5. Klasse des § 10 ZVG. zur Berücksichtigung, während der Hauptanspruch mit den erwähnten Kosten, den laufenden und den aus den letzten beiden Jahren rückständigen Zinsen als ein Anspruch der 4. Klasse in das geringste Gebot fällt[28]).

---

[25]) Vergl. Fischer-Schaefer § 10 Anm. 2; Lupprian § 10 Anm. 17.

[26]) Siehe Anm. 22. Diese Bestimmung ist durch Art. 5 Nr. 29 des Ges. vom 20. 8. 1953 bzw. 2. 9. 1953 — abgedr. siehe S. 15 Anm. 74 und 75 — ausdrücklich aufrecht erhalten.

[27]) Fischer-Schaefer § 12 Anm.; Jaeckel-Güthe § 12 Anm. 1.

[28]) Jaeckel-Güthe § 44 Anm. 2 Abs. 1 a; Korintenberg-Wenz § 44 Anm. 2.

beim Vorhandensein mehrerer Gläubiger

Betreiben mehrere **persönliche** Gläubiger, die nicht in den Klassen 1 bis 4 zu befriedigen sind, die Zwangsversteigerung, so richtet sich bei der Aufstellung des geringsten Gebotes die Rangordnung des § 10 ZVG. nach der früheren Beschlagnahme (§§ 11 Absatz 2, 22, 27 ZVG.). Es geht also der persönlich betreibende Gläubiger, für den die Beschlagnahme zuerst erfolgt ist, denjenigen persönlichen Gläubigern, die später dem Verfahren beigetreten sind, für die also die Beschlagnahme später erfolgt ist, im Range vor. Wenn jedoch die Beschlagnahme durch mehrere solcher Gläubiger zu gleicher Zeit vor sich gegangen ist, dann stehen die Ansprüche der betreibenden Gläubiger in der Rangordnung des § 10 ZVG. auf gleicher Stufe. Ist eine Hypothek (oder eine Zinsfußerhöhung) zwischen zwei von persönlichen Gläubigern zeitlich verschieden herbeigeführten Beschlagnahmen eingetragen, und fällt der Zwangsversteigerungsantrag, auf Grund dessen die erste Beschlagnahme erfolgte, fort, so kommt die Hypothek (Zinsfußerhöhung) gemäß § 10 Absatz 1 Nummer 4 ZVG. in das geringste Gebot. Dieses erfolgt aus dem Grunde, weil die Hypothek (Zinsfußerhöhung) vor der zweiten Beschlagnahme — hierfür ist mangels eines neuen Zwangsversteigerungsvermerkes gemäß § 27 ZVG. die Zustellung des Beitrittsbeschlusses maßgebend — eingetragen, also nicht infolge der Beschlagnahme dem Gläubiger gegenüber unwirksam geworden ist[29]).

Wenn mehrere betreibende Hypothekengläubiger von verschiedener Rangstellung vorhanden sind, so richtet sich das geringste Gebot nach dem Anspruch des vorgehenden Rechtes. Was ist hier „vorgehendes Recht"? Im allgemeinen ist dieses das **best**berechtigte, das heißt dasjenige, das die wenigsten Ansprüche vor sich hat, das also das niedrigste geringste Gebot herbeiführt. Nun kann aber dieses, was allerdings eine sehr seltene Ausnahme sein wird, auch bei dem **nach**stehenden Rechte von zwei betreibenden Gläubigern zutreffen. Man denke an folgenden Fall: Auf einem Grundstücke sind in nachstehender Rangordnung eingetragen:

A: 60 000 DM
B: 20 000 DM
C: 40 000 DM

B und C betreiben das Verfahren. Die Hypothek des A wurde nach der Eintragung der Hypothek des B, bevor C seine Hypothek im guten Glauben erwarb, gelöscht. Sie wurde aber später, weil irrtümlich gelöscht, wieder mit dem alten Range eingetragen. Mit anderen Worten: Die Hypothek des A ist nur dem B und nicht dem C gegenüber wirksam. Es geht also dem B nur die Hypothek des A mit 60 000 DM und dem C nur die Hypothek des B mit 20 000 DM vor.

Würde man nun nach dem Anspruche des B das geringste Gebot aufstellen, so würde sich folgende Rangordnung ergeben:

A: 60 000 DM
B: 20 000 DM
C: 40 000 DM

Es würde die Hypothek des A in das geringste Gebot kommen und C dadurch beeinträchtigt werden.

---

[29]) Fischer-Schaefer § 10 zu Nr. 6 Abs. 2; Jaeckel-Güthe § 45 Anm. 1.

Beim Aufstellen des geringsten Gebotes nach dem Anspruche des C ergibt sich folgende Rangordnung:

B: 20 000 DM
C: 40 000 DM
A: 60 000 DM

Das Recht des A würde hier nicht in das geringste Gebot kommen, sondern durch den Zuschlag erlöschen und auf Befriedigung aus dem Versteigerungserlöse erst dann Anspruch haben, wenn C gedeckt ist. Das Recht des B würde nicht, wie in dem anderen Falle, bar zu berücksichtigen sein, sondern bestehenbleiben.

Die Motive[30]), denen obiges Beispiel entnommen ist, sind hier dafür, daß das geringste Gebot für jeden Gläubiger gesondert zu berechnen und dann das kleinere zu wählen ist. Der erste Entwurf zum ZVG. bestimmte im § 64[31]) ausdrücklich, daß für das geringste Gebot der Antrag desjenigen maßgebend ist, nach dessen Recht das geringste Gebot am niedrigsten bestimmt werden kann. In den zweiten Entwurf[32]) und damit in das Gesetz ist diese Vorschrift nicht aufgenommen, und zwar, wie es im Bericht der Kommission II heißt, weil sie „entbehrlich" erschien.

Hierauf gestützt sind Jaeckel-Güthe[33]), Fischer-Schaefer[34]), Reinhard-Müller[35]), Steiner[36]), von der Pfordten[37]), Brand-Baur[38]), Meyer-Zöller[39]) und Lupprian[40]) der Ansicht, daß unter dem vorgehenden Anspruche stets der bestberechtigte zu verstehen ist. Nur Wolff[41]) meint, daß in allen Fällen, also auch in diesem, nicht der bestberechtigte, sondern der vorgehende Anspruch als solcher zu berücksichtigen ist.

Ich schließe mich der ersten Ansicht an, will aber noch folgendes hinzufügen:

Je niedriger sich das geringste Gebot gestaltet, desto mehr Aussicht auf Abgabe von Geboten und auf Verkäuflichkeit des Grundstückes ist vorhanden. Das Gesetz bringt überhaupt nicht klar zum Ausdruck, daß beim Vorhandensein mehrerer betreibender Hypothekengläubiger der vorgehende Anspruch maßgebend sein soll. Dieses aus dem § 44 Absatz 2 ZVG. zu schließen, wäre falsch. Nach dem § 44 Absatz 1 ZVG. (Deckungsgrundsatz) ist für die Aufstellung des geringsten Gebotes der Anspruch des Gläubigers maßgebend. Aus dem § 27 Absatz 2 ZVG. geht hervor, daß von mehreren Gläubigern jeder die gleichen Rechte hat, wie wenn auf seinen Antrag allein das Verfahren betrieben würde, und daß somit das Recht eines nachgehenden Gläubigers auf Befriedigung aus dem Grundstücke durch das Verfahren eines anderen Gläubigers nicht beeinträchtigt werden darf. Daher ist im vorliegenden Falle unter dem vorgehenden Anspruche, der bei der Feststellung des geringsten Gebotes

---

30) Mot. S. 166.
31) Hahn-Mugdan 5 S. 248.
32) Hahn-Mugdan 5 S. 9 (§ 44).
33) Jaeckel-Güthe § 44 Anm. 3.
34) § 44 Anm. 8.
35) § 44 Anm. XI.
36) § 44 Anm. 3 c.
37) § 44 Anm. III.
38) S. 97.
39) S. 43.
40) § 44 Anm. B 1 b.
41) ZVG. § 44 Anm. 4.

vorgeht, also der bestberechtigte, zu verstehen. Der § 44 Absatz 2 ZVG. hat nur die Bestimmung, einen Schritt weiter zu gehen, indem er sagt, daß dieser vorgehende Anspruch nur dann berücksichtigt werden soll, wenn der wegen dieses Anspruches ergangene Beschluß dem Schuldner vier Wochen vor dem Versteigerungstermin zugestellt ist (Abweichung hiervon ist aber gemäß § 59 ZVG. zulässig).

Ist in dem von mir angenommenen Beispiele bei der Feststellung des geringsten Gebotes unter Zugrundelegung des bestberechtigten Anspruches (also C) das Recht, das nur dem ersten, nicht aber dem zweiten betreibenden Hypothekengläubiger gegenüber wirksam ist (also A), berücksichtigt? Nein! Wie kann man nun erreichen, daß bei Aufstellung des geringsten Gebotes A an erster Stelle berücksichtigt wird, andererseits C aber nur B vor sich hat? Es liegt ein unlösbarer Fall vor! Die Herbeiführung eines Doppelausgebotes gemäß § 59 ZVG. wird mangels Zustimmung nicht erfolgen können. Alles in allem fasse ich in dem vorliegenden Falle meine Ansicht dahin zusammen: In erster Linie ist das geringste Gebot unter Zugrundelegung des bestberechtigten Anspruches (C) aufzustellen, also so, wie es sich am niedrigsten gestaltet. Das Gesetz wäre aber bei einer gelegentlichen Überprüfung noch nach der Richtung hin zu verbessern, daß für Rechte, die durch diese Feststellung des geringsten Gebotes beeinträchtigt sind, das Doppelausgebot auf Antrag auch ohne Zustimmung zulässig ist.

Auch durch dieses Verfahren wird selbstverständlich ein Ausgleich der widerstreitenden Interessen der Beteiligten nicht geschaffen. Man kommt aber, wenn er in der Praxis vorteilhafter nicht durch einen Vergleich zwischen den Interessenten herbeigeführt werden kann, auf diesem Wege einer gerechten Lösung am nächsten, weil durch ein Doppelausgebot den Beteiligten (hier besonders A und C) die Möglichkeit gegeben wird, mitzubieten und dadurch ihre Ansprüche, sei es durch Bestehenbleiben oder Barberichtigung derselben, zur Deckung zu bringen.

Im Falle der Konkurrenz mehrerer betreibender Gläubiger können die nachstehenden Gläubiger oder ein Dritter nach § 268 BGB. den für die Aufstellung des geringsten Gebotes maßgebenden Gläubiger wegen seines geltend gemachten Betrages befriedigen, dadurch dessen Ausscheiden aus dem Verfahren durch Zurücknahme seines Versteigerungsantrages bewirken und dem geringsten Gebot eine neue Aufstellung geben. Soweit es sich bei der Befriedigung des vorgehenden Gläubigers um einen Anspruch aus einer Hypothek handelt, tritt keine Eigentümerhypothek ein (§§ 401, 412, 774, 1150, 1153 Absatz 1 BGB.)[42]).

Aber auch dann, wenn bei mehreren betreibenden Gläubigern bezüglich eines im Range vorgehenden Gläubigers gemäß § 30 ZVG. nur die einstweilige Einstellung des Verfahrens erfolgt, wird, wie das ehemalige Reichsgericht entschieden hat, der Anspruch dieses Gläubigers nicht zugrundegelegt[43]). Es kommen dann die Hypothek eines solchen Gläubigers in das geringste Gebot als bestehenbleibendes Recht und der Anspruch eines persönlichen Gläubigers in den bar zu zahlenden Teil des genannten Gebotes. Erst dann, wenn dieser Gläubiger bis zum Ablauf der Frist des § 31 Absatz 1 ZVG. neuster Fassung die Fortsetzung der Zwangsversteigerung beantragt und 4 Wochen vor dem Versteigerungstermin

---

[42]) RGZ. 91, 402; Achilles-Greiff § 1150 Anm. 2.

[43]) RGZ. 125, 30; JW. 30 S. 149, 632, 1064; Wilhelmi-Vogel § 44 Anm. 2 b; Brand-Baur S. 55.

über den Vollstreckungsschutz entschieden ist, wird er wieder wie ein betreibender Gläubiger behandelt und sein Anspruch bei der Feststellung des geringsten Gebotes zugrunde gelegt (§§ 30 a—30 d, ferner §§ 41 Absatz 2, 44 Absatz 2 ZVG. in ihrer neusten Fassung).

Kurz will ich noch bemerken, daß die Feststellung des geringsten Gebotes, dessen Vorschriften sowohl bei der Zwangsversteigerung eines Grundstückes, als auch bei der eines Grundstücksanteiles Anwendung finden, nicht durch ein hierfür besonders bestimmtes Rechtsmittel, sondern nur durch die Beschwerde gegen den Zuschlagsbeschluß angefochten werden kann (§§ 83 Nummer 1, 96, 97, 100 ZVG.).

beim Vorhandensein eines Gläubigers mit einer persönlichen, aber hypothekarisch gesicherten Forderung

Der Anspruch des betreibenden Gläubigers geht nach Art, Eigenschaft und Umfang aus dem vorgelegten vollstreckbaren Schuldtitel hervor. Ist der Anspruch nur ein persönlicher, also ein auf einem obligatorischen Rechte beruhender, und genießt er kein Privilegium, so kommt er in die 5. Klasse des § 10 ZVG. Die Ansprüche aus dinglichen Rechten gehen ihm, soweit sie infolge der Beschlagnahme dem Gläubiger gegenüber nicht unwirksam geworden sind, dann vor.

Über die Frage, wie bei Feststellung des geringsten Gebotes zu verfahren ist, wenn der Hypothekengläubiger die Zwangsversteigerung auf Grund eines Vollstreckungstitels, den er über eine persönliche, aber hypothekarisch gesicherte Forderung hat, betreibt, also wenn die persönliche und dingliche Klage nicht dem Vollstreckungstitel (§§ 25, 260 ZPO.) zugrunde lag, sind zwei voneinander verschiedene Ansichten vorhanden.

Nach der einen Ansicht ist der Rang der Hypothek des betreibenden Gläubigers maßgebend, so daß die Hypothek nicht in das geringste Gebot kommt. Es wird angenommen, daß der Gläubiger die Zwangsversteigerung auf Grund eines dinglichen Anspruches betreibt. Notwendig ist aber hierbei der Nachweis der Identität der Hypothekenforderung mit der Forderung des Vollstreckungstitels. Dieser Nachweis muß so rechtzeitig erfolgen, daß in der durch § 44 Absatz 2 ZVG. vorgesehenen Mitteilung auf ihn Rücksicht genommen werden kann. Vertreten wird diese Ansicht unter anderem von dem früheren Oberlandesgericht Naumburg[44]), von Fischer-Schaefer[45]), Wolff[46]), Planck[47]), Werner[48]), Eccius[49]), Meyn[50]) und Brugger[51]) in folgender Weise: Im Zwangsversteigerungsverfahren können der persönliche und der dingliche Anspruch des betreibenden Gläubigers nicht unabhängig voneinander behandelt werden, weil die Leistung des Geldbetrages, auf dessen Zahlung der dingliche und persönliche Anspruch gerichtet sind, von ihm nur einmal verlangt werden kann. Die Erhaltung des dinglichen Rechtes durch die Aufnahme im geringsten Gebot schließt die Befriedigung des persönlichen Anspruches durch Barzahlung aus

[44]) Entschdg. v. 11. 1. 1905, abgedr. Recht 1905 S. 74.
[45]) § 44 Anm. 2, ferner S. 79; a. A. Krech-Fischer § 44 Anm. 1.
[46]) ZVG. § 10 Anm. 6 b Abs. 3 und § 44 Anm. 2 Abs. 3.
[47]) Vorbem. 3 d vor § 1120.
[48]) Recht 1905 S. 74.
[49]) Gruchots Beitr. 44 S. 530.
[50]) Sächs. Arch. 1903 S. 603 ff.
[51]) Bad. Rspr. 1910 S. 247—248.

dem Versteigerungserlöse aus und umgekehrt. Wenn die Hypothek des betreibenden Gläubigers im geringsten Gebot zum Ansatz kommt, bleibt sie bestehen; der Gläubiger erhält dann nur Befriedigung wegen der Zinsen und Kosten. Bestehen erstere überhaupt nicht und sind unter den letzteren nur die der Zwangsvollstreckung in das Grundstück enthalten, so besteht das Ergebnis nur in einem Eigentümerwechsel.

Nach der zweiten Meinung ist das geringste Gebot so festzustellen, wie wenn ein persönlicher Gläubiger das Zwangsversteigerungsverfahren betreibt, so daß sämtliche Hypotheken, die bei der Beschlagnahme an dem Grundstücke bestanden haben, also auch die Hypothek des betreibenden Gläubigers, in das geringste Gebot aufzunehmen sind und somit der betreibende Gläubiger mit seinem persönlichen vollstreckbaren Anspruch nicht als Realgläubiger, sondern nur als persönlicher Gläubiger in Klasse 5 des § 10 ZVG. rangiert. Diese Auffassung wird vertreten insbesondere vom ehemaligen Reichsgericht[52]), dem früheren Oberlandesgericht München[53]), von Jaeckel-Güthe[54]), Krech-Fischer[55]), Kretzschmar[56]), von der Pfordten[57]), Busch[58]), Betzinger-Mainhard[59]), Oberneck[60]), Reinhard[61]), Fuchs[62]), von Bleichröder[63]), Kriener[64]), Palandt[65]), Warneyer[66]), Staudinger[67]), Wilhelmi-Vogel[68]), Jena[69]) und Brand-Baur[70]). Sie wird zum Teil, wie folgt, begründet: Abgesehen davon, daß der Versteigerungsrichter, dem als Grundlage der Zwangsvollstreckung die Schuldurkunde über den persönlichen Anspruch vorgelegt ist, nicht das Recht und die Pflicht hat, aus Akten oder sonstigen Behelfen die Identität der persönlichen Forderung mit der der Hypothek zugrunde liegenden festzustellen, können gegen die Hypothek Einwendungen bestehen, die geeignet sind, die Hypothek aufzuheben. Sind diese Einwendungen begründet, so folgt, daß der Hypothekenschuldner nicht nur Klageabweisung, sondern vielmehr Verzicht auf die Hypothek erreichen kann (§ 1169 BGB.). Der persönliche Anspruch ist hingegen diesen Einwendungen nicht ausgesetzt. Das Urteil aus dem persönlichen Anspruche kann daher keine geeignete Grundlage für die Betreibung der Zwangsversteigerung und somit für die Feststellung des geringsten Gebotes a u s d e r H y p o t h e k bieten. Die Feststellung des geringsten Gebotes hat sich also nach dem persönlichen Anspruch zu richten, ohne daß ein Verzicht auf die Hypothek erfolgt.

---

52) RGZ. 76, 116; 81, 147; 103, 138.
53) Seuff. A. 69 S. 340.
54) §§ 15, 16 Anm. 11.
55) § 44 Anm. 1.
56) ZBlFG. 3 S. 429/430.
57) §§ 15—17 Anm. 2 h.
58) ZBlFG. 9 S. 523; 12 S. 806 f.
59) §§ 15—17 Anm. II, 3.
60) S. 367 Anm. 1, S. 378 ff. Anm. 5.
61) Recht 1910 S. 363; Reinhard-Müller § 16 IV 3 f.
62) § 1147 Anm. 2.
63) S. 52—57.
64) BayZ. 1914 S. 439.
65) § 1147 Anm. 2 c.
66) § 1147 Anm.
67) § 1123 Anm. I, 5 b, § 1147 Anm. 2 b.
68) § 44 Anm. 1.
69) J. W. 36 S. 2354.
70) S. 106.

Richtig scheint mir die zweite Ansicht zu sein. Nimmt man nämlich die Hypothek des lediglich auf Grund seines persönlichen Anspruches betreibenden Gläubigers im geringsten Gebot auf, dann bleibt sie bestehen; sie muß also vom Ersteher übernommen werden. Da nun der Subhastat hinsichtlich dieser Hypothek zugleich persönlich haftet, kommt die Bestimmung des § 53 Absatz 1 ZVG. zur Anwendung, so daß also der Ersteher die Schuld in Höhe der Hypothek übernimmt, falls der betreibende Gläubiger die Genehmigung hierzu gemäß § 416 BGB. erteilt[71]). Ist das der Fall, so erlischt die persönliche Forderung des betreibenden Gläubigers gegen den Subhastaten, was weiter zur Folge hat, daß der betreibende Gläubiger aus seinem Schuldtitel nichts mehr fordern kann. Der betreibende Gläubiger dagegen, der die Schuldübernahme durch den Ersteher nicht genehmigt, erhält aus dem baren Versteigerungserlöse Zahlung wie jeder andere auf Grund persönlicher Forderung die Zwangsversteigerung betreibende Gläubiger. Eine Benachteiligung des Subhastaten, Erstehers und sonstiger Beteiligter kann in diesem Falle nicht eintreten, weil die persönliche Forderung des betreibenden Gläubigers gegen den Subhastaten durch Befriedigung aus dem Versteigerungserlöse erlischt. Die bestehengebliebene Hypothek geht nunmehr auf den Subhastaten über, weil er eine Ersatzforderung gegen den Ersteher hat (§ 1164 BGB., § 53 ZVG.). Selbstverständlich erfolgt der Übergang auf den Subhastaten nur insoweit, als der betreibende Gläubiger aus dem Versteigerungserlöse Befriedigung gefunden hat. Der Rest der Hypothek steht dem Gläubiger zu, und zwar mit dem Vorrange vor der Eigentümerhypothek (§ 1176 BGB.)[72]).

Aus dem oben Gesagten folgt ganz von selbst, daß es unrichtig ist, wenn man meint, der betreibende Gläubiger wird hinsichtlich der Hauptsache seiner Forderung nicht befriedigt und habe daher nur Zinsen und Kosten zu erhalten. Man beachtet dabei nicht, daß der betreibende Gläubiger die Übernahme der persönlichen Schuld durch den Ersteher nicht zu genehmigen braucht und dann Befriedigung aus dem baren Versteigerungserlöse erhält. Es ist also unrichtig, wenn Meyn[73]) die e i n z i g e praktische Wirkung des Zwangsversteigerungsverfahrens in einem Wechsel des Eigentümers sieht, weil dieses nur dann zutrifft, wenn der betreibende Gläubiger die Schuldübernahme genehmigt hat. Liegt aber eine solche Genehmigung nicht vor, so tritt außer dem Eigentumswechsel eine Befriedigung des Gläubigers aus dem Versteigerungserlöse ein und die Hypothek geht insoweit auf den Subhastaten über, als die ihr zugrunde liegende Forderung gezahlt ist. Damit finden auch die dahingehenden Ausführungen von Fischer-Schaefer[74]), daß die Erhaltung des dinglichen Rechtes durch Aufnahme in das geringste Gebot und die gleichzeitige Befriedigung des persönlichen Anspruches durch Barzahlung aus dem Versteigerungserlöse miteinander unvereinbar seien, ihre Erledigung, denn bei der Befriedigung des betreibenden Gläubigers aus dem Versteigerungserlöse erfolgt keine doppelte, sondern nur eine einmalige Befriedigung des betreibenden Gläubigers, weil ja die Hypothek, insoweit Zahlung erfolgt ist, auf den Subhastaten übergeht.

---

[71]) Vergl. weitere Ausführungen hierzu Koller S. 15—29.

[72]) Palandt § 1176 Anm. 3.

[73]) Sächs. Arch. 1903 S. 603 ff.

[74]) § 44 Anm. 2, ferner S. 79.

entstanden durch grundbuchmäßige Eintragung

Das in § 45 des ZVG. enthaltene Wort „insoweit" erstreckt sich auch auf die Rangordnung der in Frage kommenden Rechte. Im § 60 des ersten Entwurfes zum Zwangsversteigerungsgesetz[75]) war ausdrücklich bestimmt, daß auch die Rangordnung der eingetragenen Rechte nach dem Inhalt des Grundbuches zu berücksichtigen ist. In das Gesetz ist aber dieser Zusatz als selbstverständlich und daher überflüssig nicht aufgenommen worden[76]).

Soweit in nachfolgendem schlechthin nur von Rechten gesprochen ist, betreffen die Ausführungen auch die Hypothek, Grund- und Rentenschuld, die als solche nicht besonders angesprochen sind.

Bei der Aufstellung des geringsten Gebotes ist eine Rangänderung, soweit sie zur Zeit des Zwangsversteigerungsvermerkes aus dem Grundbuche ersichtlich ist, von Amts wegen, im übrigen nach rechtzeitiger Anmeldung und erforderlichenfalls nach Glaubhaftmachung zu berücksichtigen. Unterliegt aber ein Anspruch, auf Grund dessen das Verfahren betrieben wird, einer Rangänderung, so muß diese gemäß § 44 Absatz 2 ZVG. neuster Fassung mindestens vier Wochen vor dem Versteigerungstermine aus dem Grundbuche ersichtlich sein, um einen rechtlichen Einfluß auf die Aufstellung des geringsten Gebotes ausüben zu können. Eine Abweichung ist nach § 59 ZVG. zulässig[77]). Das Vorrecht, das dem Gläubiger einer Hypothek eingeräumt wurde, ist keine Rangordnung im Sinne des § 880 BGB. Es kommt mithin das Recht an der Hypothek, also das Recht, mit dem nicht das Grundstück, sondern die Hypothek belastet ist, für die Feststellung des geringsten Gebotes nicht in Beracht[78]).

Nach § 880 Absatz 4 BGB. geht der dem vorgetretenen Rechte eingeräumte Rang nicht dadurch verloren, daß das zurückgetretene Recht rechtsgeschäftlich aufgehoben ist. Nach § 880 Absatz 5 BGB. werden die zwischen dem zurückgetretenen und dem vorgetretenen Rechte bestehenden Rechte durch die Rangänderung nicht berührt. Diese beiden Bestimmungen brachten Dernburg[79]), Palandt[80]), Warneyer[81]), Turnau-Förster[82]), Kretzschmar[83]), Soergel[84]) und Jaeckel-Güthe[85]) zu der Ansicht, daß die Rangänderung eine dingliche Wirkung äußert, indem beide Rechte ihre Plätze tauschen[86]). Biermann[87]) charakterisiert die Rangänderung als eine auflösend bedingte gegenseitige Rangabtretung.

---

[75]) Entwurf S. 16.

[76]) Jaeckel-Güthe § 45 Anm. 1 letzter Abs.

[77]) Fischer-Schaefer § 44 Anm. 9; Jaeckel-Güthe § 44 Anm. 4, 3. Abs.; Reinhard-Müller § 44 Anm. XIII.

[78]) Peiser ZZP. 47 S. 193.

[79]) BGB. S. 716/717.

[80]) § 880 Anm. 5.

[81]) § 880 Anm. II.

[82]) Bd. I § 880 Anm. II, 7.

[83]) S. 40.

[84]) § 880 Anm. 5.

[85]) § 45 Anm. 3.

[86]) KGJ. 20 A. 181; 53, 179.

[87]) § 880 Anm. 3.

Planck[88]), Staudinger[89]) und Wolff[90]) fassen die Rangänderung als eine Abtretung des Ranges des zurückgetretenen Rechtes auf. Ich pflichte der ersten Meinung bei. Der Rang ist meines Erachtens eine Eigenschaft des eingetragenen Rechtes, die von diesem getrennt und auf ein anderes Recht am Grundstücke übertragen werden kann (System des Stellungstausches).

Wird also die Zwangsversteigerung von einer vorgetretenen Hypothek betrieben, so kommt die etwa zurückgetretene Hypothek nicht in das geringste Gebot, weil eben zwischen den beiden Rechten ein Stellungsaustausch stattgefunden hat. Betreibt der Gläubiger der zurückgetretenen Hypothek die Zwangsversteigerung, so wird als logische Folge des Deckungsgrundsatzes die vorgetretene Hypothek in das geringste Gebot aufgenommen. Gehen schließlich die vor- und die zurückgetretene Hypothek dem betreibenden Gläubiger vor, so müssen beide Rechte im geringsten Gebote berücksichtigt werden. In allen diesen Fällen ist es ohne jeden Einfluß, ob das vorgetretene Recht ziffernmäßig größer oder kleiner ist als das zurückgetretene. Ich setze hierbei voraus, daß Zwischenrechte nicht vorhanden sind, also nicht berücksichtigt zu werden brauchen.

Nicht so einfach gestaltet sich die Sachlage, wenn ein zurückgetretenes Recht nochmals einem Rechte den Vorrang eingeräumt hat oder das vorgetretene Recht hinter ein Recht zurückgetreten ist, das dem in der ersten Rangänderung zurückgetretenen Rechte nachsteht. Ein näheres Eingehen auf diese Fälle soll aber hier nicht erfolgen, weil die materiellrechtliche Lage die gleiche wie oben ist.

Die Aufstellung des geringsten Gebotes kann ferner mit Schwierigkeiten verbunden sein, wenn Zwischenrechte, das heißt Rechte, die zufolge ihrer Eintragung den Rang zwischen dem zurückgetretenen und dem vorgetretenen Rechte haben und bei der Vorrangseinräumung nicht zugezogen waren, vorhanden sind. Diese Zwischenrechte dürfen, wie schon erwähnt, durch die Rangänderung nicht beeinträchtigt werden. Es darf ihnen kein größeres Recht vorangehen, als ohne Rangtausch vor ihnen im Grundbuche stand. Andererseits dürfen sie nach positiver Richtung hin durch eine Änderung des vorgetretenen Rechtes, insbesondere durch dessen rechtsgeschäftliche Aufhebung, nicht begünstigt werden. Ist das vorgetretene Recht erloschen, dann rückt das zurückgetretene Recht wieder an seine alte Stelle. Die Rechtslage ist dann wieder so, als ob eine Rangänderung nicht stattgefunden hat. Daraus ergibt sich, daß in solchem Falle beim Betreiben der Zwangsversteigerung durch den Gläubiger des zurückgetretenen Rechtes die Zwischenrechte bei Feststellung des geringsten Gebotes nicht berücksichtigt werden. War dagegen auch den Zwischenrechten der Vorrang vor dem zurückgetretenen Recht eingeräumt, so behalten sie den Vorrang vor diesem auch dann, wenn das zurückgetretene Recht erloschen ist. Dann sind die Zwischenrechte in das geringste Gebot aufzunehmen. Stets haben die Gläubiger der Zwischenrechte das Ablösungsrecht gemäß § 268 BGB.[91]). Ist das zurückgetretene Recht nicht durch ein Rechts-

---

[88]) § 880 Anm. II. 1.

[89]) § 880 Erl. II.

[90]) BGB. S. 120.

[91]) Staudinger § 880 Anm. III; Achilles-Greiff § 880 Anm. 12; RGZ. 79, 170; Palandt § 880 Anm. 5 b; Jaeckel-Güthe § 45 Anm. 5.

geschäft, sondern zum Beispiel durch Nichterfüllung einer aufschiebenden oder durch Eintritt einer auflösenden Bedingung oder durch den Tod des Nießbrauchers bei einem zurückgetretenen Nießbrauchrecht erloschen, so ist der Vorrang gegenüber dem erloschenen Rechte gegenstandslos geworden[92]). Das vorgetretene Recht tritt dann wieder an seine frühere Stelle, also beim Vorhandensein von Zwischenrechten auch hinter diese zurück. Wird wegen dieses Rechtes das Verfahren betrieben, so sind bei Feststellung des geringsten Gebotes die Zwischenrechte zu berücksichtigen, weil sie im Range vorgehen. Voraussetzung für diese Berücksichtigung ist aber, daß die Beteiligten dem Richter den Grund der Löschung spätestens im Versteigerungstermine vor der Aufforderung zur Abgabe von Geboten nachgewiesen haben. Ist die Löschung nicht erfolgt, so wird die Rangänderung genau so, als wenn das zurückgetretene Recht durch Rechtsgeschäft aufgehoben ist, als fortbestehend betrachtet[93]).

Das ehemalige Reichsgericht[94]) war der Ansicht, daß eine Baugeldhypothek[95]) mit einem eingeräumten Vorrange nur soweit geltend gemacht werden kann, als nach Maßgabe des Baugeldvertrages zur Valutierung der Hypothek auf diese Zahlungen geleistet worden sind. Eine andere Regelung muß durch Parteivereinbarung getroffen sein. Im allgemeinen kommt die Willensmeinung der Parteien in erster Linie als ausschlaggebender Faktor in Betracht, auch dann, wenn die Grundbucheintragung den Inhalt der Einigung nicht vollständig wiedergibt. Wenn nach der Eintragungsbewilligung die Baugeldhypothek, welcher der Vorrang eingeräumt ist, nur für Darlehen, die für den Bau verwendet werden sollen, bestimmt ist, dann gilt die Vorrangseinräumung nur für die auf den genannten Zweck hin tatsächlich geleisteten Zahlungen[96]).

Wenn zwei Rechte nachträglich gleichen Rang vereinbart haben, dann werden durch die Eintragung einer solchen Rangänderung die Zwischenrechte auch nicht berührt. Diese Rangänderung hat nur zur Folge, daß die vorstehende Post teilweise zurückgetreten und die nachstehende Post teilweise vorgetreten ist. Den Zwischenrechten selbst geht, auch für die Feststellung des geringsten Gebotes, in diesem Falle nur ein Geldbetrag in früherem Umfange voran. Dahin sprach sich das frühere Kammergericht aus[97]).

Von weiterer Bedeutung für die Zwischenrechte bei der Aufstellung des geringsten Gebotes ist es, ob der Kapitalsbetrag der zurückgetretenen Post größer oder kleiner als derjenige der vorgetretenen ist. Zur näheren Erläuterung führe ich hierfür einige Beispiele an:

Findet die Zwangsversteigerung auf Betreiben der zurückgetretenen Hypothek statt und ist diese größer als die Hypothek des vorgetretenen Gläubigers, so ist die Zwischenhypothek nicht in das geringste Gebot aufzunehmen. Beträgt also die Hypothek des an erster Stelle eingetragenen und betreibenden Gläubigers A 60 000 DM, die des an zweiter Stelle eingetragenen Zwischen-

---

[92]) Achilles-Greiff § 880 Anm. 12; Staudinger § 880 Anm. II b; Soergel § 880 Anm. 5, KGJ. 11, 153.

[93]) Jaeckel-Güthe § 45 Anm. 7; Reinhard-Müller § 44 Anm. V, 5; Wilhelmi-Vogel § 45 Anm. 2.

[94]) RGZ. 76, 373; 86, 223; 92, 215; RG. Warneyer-Rspr. 34 Nr. 9.

[95]) Über Baugläubiger vergl. Ges. vom 1. 6. 1909 (RGBl. S. 449).

[96]) Oberneck S. 285 Anm. b, 1. Abs.

[97]) KGJ. 40, 241 ff.

hypothekengläubigers B 30 000 DM und die des an dritter Stelle eingetragenen Gläubigers C 40 000 DM, so ist die Rangfolge

C: 40 000 DM
A: 20 000 DM
B: 30 000 DM
A: 40 000 DM

maßgebend. In das geringste Gebot kommt nur C mit 40 000 DM.

Ist dagegen die Hypothek des zurückgetretenen betreibenden Gläubigers kleiner als die Hypothek des vorgetretenen Gläubigers, so ist letztere zur Vermeidung der Benachteiligung eines Zwischengläubigers nur in dem Betrage der zurückgetretenen Post in das geringste Gebot aufzunehmen.

Angenommen, ein Grundstück sei

an erster Stelle für A mit 40 000 DM
an zweiter „ „ B „ 30 000 DM
an dritter „ „ C „ 60 000 DM

belastet und A habe dem C den Vorrang eingeräumt, dann kommen C mit 40 000 DM, B mit 30 000 DM und C mit 20 000 DM in das geringste Gebot.

Wenn das vor- oder das zurückgetretene Recht oder beide nicht auf Zahlung eines Geldbetrages gehen, dann muß beim Vorhandensein eines Zwischenrechtes, wenn dieses die Zwangsversteigerung betreibt, durch ein doppeltes Ausgebot festgestellt werden, ob das Zwischenrecht durch die Rangänderung beeinträchtigt wird oder nicht. Hat zum Beispiel ein Nießbrauchrecht einer Hypothek den Vorrang eingeräumt und wird das Verfahren von dem Zwischengläubiger betrieben, so ist das Grundstück einmal mit dem Nießbrauchsrecht und das andere Mal mit der vorgetretenen Hypothek auszubieten[98]). Findet aber auf Grund der letzteren das Verfahren statt, so kommt das Zwischenrecht ohne weiteres in das geringste Gebot, weil diesem Recht vor der Rangänderung nur das Nießbrauchrecht vorging, das nicht die Zwangsversteigerung herbeiführen konnte. Das Zwischenrecht muß hier also gegen einen Ausfall geschützt werden[99]).

Ist einer Hypothek das Vorrecht nur vor einem Teile einer anderen eingeräumt, so entsteht die Frage, ob der von der Vorrangseinräumung ausgeschlossene oder der davon betroffene Teil der voreingetragenen Forderung bei der Zwangsversteigerung und somit für die Feststellung des geringsten Gebotes zunächst zu berücksichtigen ist. Maßgebend ist hier, ob und welche Parteivereinbarung darüber im Grundbuche eingetragen ist. Beim Fehlen einer solchen haben die beiden unter demselben Tage eingetragenen Teile der voreingetragenen Hypothek gemäß § 879 BGB. gleichen Rang und Anspruch auf gleiche, also verhältnismäßige Befriedigung. Für unseren Fall möge folgendes Beispiel dienen: Eine Hypothek des A von 60 000 DM hat in Höhe eines Teilbetrages von 20 000 DM einer Hypothek des B von 30 000 DM den Vorrang eingeräumt. Eine Vereinbarung, daß die beiden Teile der Hypothek des A ungleichen Rang haben sollen, ist nicht erfolgt, also auch nicht im Grundbuche eingetragen. Für die Feststellung des geringsten Gebotes gilt daher folgende Reihenfolge: 40 000 DM des A, 30 000 DM des B und 20 000 DM des A mit der Maßgabe, daß die 40 000 DM und 20 000 DM des A untereinander gleichen Rang haben.

---

[98]) Reinhard-Müller § 44 Anm. V, 6 a.

[99]) v. d. Pfordten § 44 Anm. II, I; zum Teil a. A. Fischer-Schaefer § 44 Anm. 6 Abs. 3.

Für die Feststellung des geringsten Gebotes werden in der Praxis auch folgende Fälle in Betracht kommen:

1) Mehrere Rechte haben einem Rechte den Vorrang eingeräumt.

Ist in diesem Falle die Vorrangseinräumung gleichzeitig erfolgt, dann befinden sich die mehreren Rechte auf dem Platze jenes Rechtes, zu dessen Gunsten sie zurückgetreten sind. Die zurückgetretenen Rechte stehen untereinander in demselben Range wie vorher. Ein gleicher Rang unter den zurückgetretenen Rechten konnte ja gleichzeitig mit der Rangänderung vereinbart werden. Ist dieses nicht erfolgt, so ist die Annahme gerechtfertigt, daß das Rangverhältnis unter den zurückgetretenen Rechten nach dem alten Verhältnis bestehen soll[100]). Ist aber die Vorrangseinräumung nicht gleichzeitig erfolgt, dann richtet sich der Rang jedes einzelnen zurückgetretenen Rechtes nach dem Zeitpunkte des betreffenden Rücktritts, woraus wiederum folgt, daß der vorangehende Zeitpunkt auch den vorangehenden Rang begründet[101]).

2) Mehrere Rechte sind nicht hinter ein Recht, sondern hinter mehrere Rechte zurückgetreten.

Hier nehmen die zurückgetretenen Rechte den Rang hinter dem letzten aller durch die Rangänderung begünstigten Rechte ein. Der Rang zwischen den vorgetretenen Rechten einerseits und zwischen den zurückgetretenen Rechten andererseits ist derselbe geblieben wie vor der Rangänderung.

3) Nur ein Recht gab seinen Vorrang zugunsten mehrerer auf.

In diesem Falle behalten letztere untereinander ihr bisheriges Rangverhältnis. Eine andere Regelung muß durch Grundbucheintragung festgelegt sein. Ist dagegen zunächst nur einem Rechte und dann einem zweiten der Vorrang vor demselben Rechte eingeräumt, so geht das früher vorgetretene Recht dem später vorgetretenen im Range vor[102]).

begründet durch Gesetzesvorschrift

Bisher habe ich den Einfluß grundbuchmäßig eingetragener Rangänderungen auf die Feststellung des geringsten Gebots behandelt. Nun will ich an Hand einiger Fälle schildern, wie sich von Gesetzes wegen eingetretene Rangänderungen zum geringsten Gebot verhalten.

Ich komme zunächst auf die Bestimmungen der §§ 1164 und 1176 BGB. zu sprechen. Aus diesen Paragraphen ergibt sich folgendes: Wenn der Hypothekengläubiger teilweise von dem nicht mit dem Eigentümer identischen persönlichen Schuldner befriedigt worden ist, so steht die Hypothek insoweit dem persönlichen Schuldner zu, als dieser von dem Eigentümer oder einem Rechtsvorgänger des Eigentümers Ersatz verlangen kann. Soweit kein Ersatzanspruch besteht, ist der befriedigte Anspruch des Gläubigers auf den Eigentümer übergegangen. Die dem Gläubiger verbleibende Hypothek geht dem befriedigten Anspruche vor. Die auf den persönlichen Schuldner übergegangene Hypothek

---

[100]) RGZ. 64, 100; 79, 170; KGJ. 42, 265 ff.; Biermann § 880 Anm. 4; Oberneck S. 361, Ziff. 5; Staudinger § 880 Anm. II i; Soergel § 880 Anm. 5.

[101]) Palandt § 880 Anm. 5 c; KGJFG. 8, 310; Biermann § 880 Anm. 4; Oberneck S. 362; a. A. Planck § 880 Anm. 4 c, nach dem der Rang zwischen den zurückgetretenen Rechten derselbe wie vorher bleibt.

[102]) Planck § 880 Anm. 4 c; Staudinger § 880 Anm. II i mit Angabe von Entscheidungen und weiterer Literatur; Achilles-Greiff § 880 Anm. 12; Warneyer § 880 Anm. III.

hat den Rang vor dem Hypothekenanspruche des Eigentümers. Abweichende Vereinbarungen müssen aus dem Grundbuche hervorgehen[103]).

Ist also der Gläubiger einer Hypothek von 40 000 DM in Höhe von 10 000 DM von dem persönlichen Schuldner befriedigt worden und hat dieser gegen den Eigentümer einen Ersatzanspruch in Höhe von 5000 DM, dann ergibt sich auch für das geringste Gebot folgende Rangordnung: 30 000 DM des Hypothekengläubigers, 5000 DM des persönlichen Schuldners, 5000 DM des Eigentümers. Nun kann auch der Fall eingetreten sein, daß der Gläubiger bezüglich einer Teilhypothek, die mit einer anderen Teilhypothek gleichen Rang hat, teilweise Befriedigung erhalten hat. Meines Erachtens sind unter den im § 1176 BGB. erwähnten Worten: „der dem Gläubiger verbleibenden Hypothek" auch Teilhypotheken, die gleichen Rang haben, zu verstehen. Es geht also der befriedigte Anspruch nicht nur dem Restteile der Teilhypothek, aus der die Befriedigung stattgefunden hat, sondern auch der anderen Teilhypothek im Sinne des § 1176 BGB. nach[104]). Befinden sich also im obigen Beispiele an Stelle der e i n e n Hypothek von 40 000 DM zwei Teilhypotheken von je 20 000 DM mit gleichem Range, so kommen für die Feststellung des geringsten Gebotes an erster Stelle die 20 00 DM und die 10 000 DM mit gleichem Range für den Gläubiger, an zweiter Stelle die 5000 DM des persönlichen Schuldners und an dritter Stelle die 5000 DM des Eigentümers in Betracht.

Wenn man nun bei der Anwendung der §§ 1164 und 1176 BGB. noch Fälle der §§ 268, 426 Absatz 2 Satz 3, 774 und 1153 BGB. mitberücksichtigt, dann wird die Rangordnung noch verwickelter. Ist zum Beispiel der Gläubiger bezüglich seiner oben erwähnten Resthypothek wiederum von einem Bürgen, Gesamtschuldner oder Dritten teilweise befriedigt worden, so steht nach dem zuletzt genannten Paragraphen dieser Hypothekenanspruch dem des Gläubigers nach. Für die Aufstellung des geringsten Gebotes kämen also mit ihren Ansprüchen an erster Stelle der Gläubiger, an zweiter Stelle der Bürge beziehungsweise Gesamtschuldner oder Dritte, an dritter Stelle der persönliche Schuldner und an vierter Stelle der Eigentümer in Betracht.

Auch der § 1182 BGB. kann für die Feststellung des geringsten Gebotes von Bedeutung sein. Angenommen, auf den Grundstücken I und II sei eine Gesamthypothek von 40 000 DM und auf dem Grundstück I dahinter eine Hypothek von 20 000 DM eingetragen. Nach der Eintragung der 20 000 DM wurde der Gläubiger der Gesamthypothek aus dem Grundstücke II in Höhe von 10 000 DM befriedigt. Der Eigentümer des Grundstückes II hat für die 10 000 DM einen Ersatzanspruch gegen den Eigentümer des Grundstückes I. Nach § 1182 BGB. ergibt sich folgendes: In Höhe des Ersatzanspruches ist die Gesamthypothek an dem Grundstücke I dem Eigentümer des Grundstückes II zugefallen. Diese Rückgriffshypothek steht der dem Gläubiger verbleibenden Resthypothek und allen gleich- oder nachstehenden Rechten des Grundstückes nach. Letztere Rechte müssen natürlich zur Zeit der Befriedigung der Hypothek aus dem früher versteigertem Grundstücke im Grundbuche eingetragen sein[105]). Bei der Aufstellung des geringsten Gebotes müssen also zuerst die Gesamthypothek mit

---

[103]) KGJ. 28, 139 ff.; Palandt § 1164 Anm. 3 b.

[104]) Weinberg ZblFG. 17 S. 129—132.

[105]) RRG. § 1182 Anm. 4; KGJ. 42, 274 ff.; Palandt § 1182 Anm. 3 b; Planck § 1182 Anm. 3; Fischer-Henle § 1182 Anm. 9; Biermann § 1182 Anm. 1 c; Turnau-Förster § 1182 Anm. I, 2.

30 000 DM, dann die Hypothek von 20 000 DM und schließlich die 10 000 DM für den Eigentümer des Grundstückes II berücksichtigt werden[106]).

Rangvorbehalt

Für die Berücksichtigung einer auf Grund eines Vorbehaltes erfolgten Einräumung eines Vorranges oder gleichen Ranges im geringsten Gebote ist Bedingung, daß der Rangvorbehalt (§ 881 BGB.) gleichzeitig mit dem vorstehenden Rechte und der Vorrang bei den nachstehenden Rechten eingetragen ist. Sonst kann das Vollstreckungsgericht das Rangverhältnis dem Vorbehalt entsprechend nur mit Zustimmung der Beteiligten, die von dem Rangvorbehalt betroffen werden, als bestehend ansehen (§ 59 ZVG.). Ferner darf der Rangvorbehalt nicht erloschen sein. Dies ist erfolgt, wenn vor der Ausübung des Rangvorbehaltes derselbe oder das durch ihn beschränkte Recht rechtsgeschäftlich aufgehoben und erloschen ist. Der Rangvorbehalt selbst kann auch noch durch den Zuschlag einer früheren Zwangsversteigerung erloschen sein[107]).

Die Aufstellung des geringsten Gebotes gestaltet sich am einfachsten, wenn die Einräumung des Vorranges oder gleichen Ranges auf Grund des Rangvorbehaltes zwischen zwei Hypotheken stattgefunden hat, die im Range unmittelbar aufeinander folgen. Es hat dann in diesem Falle lediglich ein Rangwechsel zwischen den beiden Hypotheken stattgefunden.

Schwieriger ist die Rechtslage, wenn vor der Eintragung des Rechtes, zu dessen Gunsten der Vorbehalt eingeräumt wurde, die Zwangsversteigerung für eine persönliche nicht im Grundbuch eingetragene Forderung beantragt wurde, oder wenn zwischen der zurückgetretenen und der vorgetretenen Hypothek Zwischenhypotheken eingetragen worden sind. Im ersten Fall ist zwar die zurückgetretene Hypothek bei der Feststellung des geringsten Gebotes in dasselbe aufzunehmen, nicht aber die vorgetretene, da diese infolge der Beschlagnahme des Grundstückes dem betreibenden Gläubiger gegenüber unwirksam geworden ist (§ 10 Absatz 1 Nummer 4 ZVG.)[108]). Im letzten Falle folgt aus der gesetzestechnischen Behandlung des Rangvorbehaltes im § 881 Absatz 4 BGB., daß Rechte, die vor der Eintragung des bevorrechtigten Rechtes im Grundbuche ohne Vorbehalt zur Eintragung gekommen sind, nicht benachteiligt werden dürfen, also von dem Vorbehalte unberührt bleiben[109]).

Auch das mit dem Vorbehalte belastete Recht soll beim Vorliegen von Zwischenhypotheken keine über den Vorbehalt hinausgehende Benachteiligung erfahren. Im § 881 Absatz 4 BGB. ist nämlich bestimmt, daß der Vorrang insoweit keine Wirkung haben soll, als das mit dem Vorbehalte belastete Recht infolge der inzwischen eingetretenen Belastung eine über den Vorbehalt hinausgehende Beeinträchtigung erleiden würde. Mit anderen Worten: Soweit sich infolge der Zwischenhypothek ein Ausfall ergibt, soll dieser die später eingetragene bevorrechtigte Hypothek treffen.

Über die Beantwortung der Frage, ob der § 881 Absatz 4 BGB. schon bei der Feststellung des geringsten Gebotes zu berücksichtigen ist, bestehen in der Literatur Meinungsverschiedenheiten. An der Hand eines Beispieles will ich auf diese Streitfrage näher eingehen.

---

106) Jaeckel-Güthe § 45 Anm. 3 Abs. 2.

107) RG. JW. 1907 S. 704 ff.; KGJ. 40, 239; Achilles-Greiff § 881 Anm. 4; Staudinger § 881 Anm. II, 4.

108) Fischer-Schaefer § 11 Anm. 5 Abs. 2; Jaeckel-Güthe § 11 Anm. 4.

109) Fischer-Schaefer § 11 Anm. 5.

Angenommen, A hat mit 50 000 DM die Hypothek, die mit einem Vorbehalt für eine andere Hypothek von 50 000 DM belastet ist, B mit 10 000 DM das Zwischenrecht und C mit 50 000 DM die Hypothek, zu deren Gunsten der Vorbehalt gilt. B betreibt die Zwangsversteigerung. Es liegt hier also der Fall vor, daß sowohl B, dem nur die 50 000 DM des A vorgehen, als auch A, der nur die 50 000 DM des C vor sich hat, das Recht haben, unmittelbar nach den 50 000 DM berücksichtigt zu werden. Von der Pfordten[110]), Krech-Fischer[111]), Rosenthal[112]) und RRG. Kommentar[113]) sind der Meinung, daß schon bei der Feststellung des geringsten Gebotes der Vorbehalt in Höhe der bestehenden Zwischenhypothek gemäß § 881 Absatz 4 BGB. ohne Bedeutung geworden ist. Sie bringen an erster Stelle C von vornherein nur in Höhe von C weniger B, also von 40 000 DM, und A in Höhe des Betrages von B, also 10 000 DM, im geringsten Gebot zum Ansatz. Jaeckel vertritt die Ansicht, daß an erster Stelle 50 000 DM zum Ansatz kommen, will jedoch die Verteilung dieses Betrages auf A und C dem Verteilungsverfahren vorbehalten[114]).

Vorstehenden Ansichten kann ich nicht beipflichten. Das geringste Gebot ist meines Erachtens nach so aufzustellen, als ob gerade nur dieses abgegeben wird. Liegt hier ein solches Meistgebot vor, dann wird nach der Ansicht der genannten Kommentatoren wohl B hinter 50 000 DM stehen, aber A schon nach 40 000 DM berücksichtigt. A hat aber nur das Recht auf Befriedigung nach 50 000 DM. Wird dagegen bei der Feststellung des geringsten Gebotes der § 881 Absatz 4 BGB. noch nicht berücksichtigt, kommt also C mit seinem vollen Betrage in das geringste Gebot, dann ist sowohl bei A als auch bei B die Forderung erfüllt, daß beide Gläubiger hinter 50 000 DM stehen. Erst dann, wenn das Meistgebot höher ist als das geringste Gebot, dadurch ganz oder teilweise die Zwischenhypothek zur Hebung gelangt und A in seinem Vorrange Einbuße erleidet, tritt die Bestimmung des § 881 Absatz 4 BGB. in Kraft. Die Ausführung derselben ist wiederum in den §§ 50, 125, 128 Absatz 1 ZVG. gegeben. Nach diesen Paragraphen tritt folgendes ein: Der Ersteher hat außer dem Bargebot den Betrag an A zu zahlen, in dessen Höhe der Zwischenhypothekar zur Hebung gelangt. Erfolgt diese Zahlung im Verteilungstermine nicht, dann wird diese Forderung gegen den Ersteher übertragen und durch Eintragung einer Sicherungshypothek mit dem Range des Anspruches sichergestellt. Es ist also B nach 50 000 DM berücksichtigt worden, und A hat genau so Befriedigung erhalten, als wenn B nicht vorhanden gewesen wäre. Ich bin daher dafür, daß das Recht des C zunächst einmal voll, also mit 50 000 DM, im geringsten Gebot berücksichtigt wird[115]).

Es können neben dem erwähnten Falle, nämlich daß der Zwischenhypothekengläubiger (B) die Zwangsversteigerung betreibt, noch folgende Fälle eintreten:

Das Verfahren wird von dem Gläubiger der mit dem Vorbehalt belasteten Hypothek (A) betrieben. Dann findet das im vorstehenden Beispiel Erwähnte Anwendung[116]).

---

110) § 44 Anm. II, 2.

111) § 44 Anm. 1.

112) S. 282.

113) § 881 Anm. 8.

114) § 45 Anm. 8.

115) u. 116) Planck § 881 Anm. 8, letzter Abs.; Fischer-Schaefer §§ 11 Anm. 5, 44 Anm. 6, 2. Abs.

Es ist C der betreibende Gläubiger. Dann ist meines Erachtens bei der Feststellung des geringsten Gebotes keines der Rechte in dasselbe aufzunehmen. Für C besteht, solange das Meistgebot über seine Forderung nicht hinausgeht, zweifellos das Recht auf Befriedigung aus dem Bargebot unter Ausschluß von A und B. Wenn auch bei einem Meistgebote, das höher als die Forderung des C ist, dessen Vorwegbefriedigungsrecht schließlich ganz erlöschen kann, so ist daraus nicht zu folgern, daß die Erteilung des Zuschlages von einem solchen Gebote abhängig zu machen ist[117]).

Schwieriger wird die im übrigen gleiche Erledigung dann sein, wenn eines der Rechte nicht eine Hypothek, sondern ein anderes dingliches Recht ist. Ich nehme dasselbe Beispiel wie oben an, nur mit der Maßgabe, daß sich an erster Stelle für A ein Nießbrauchsrecht befindet. Eine Änderung des obigen Verfahrens erfolgt dann nur, wenn B die Zwangsversteigerung betreibt. In diesem Falle muß nämlich ein Doppelausgebot erfolgen (einmal mit bestehenbleibender Hypothek, das andere Mal mit Bestehenbleiben des Nießbrauchrechtes[118/19]).

Gesamthypothek

Was das Gesamtschuldverhältnis im Recht der Schuldverhältnisse ist, stellt die Gesamthypothek im Hypothekenrecht dar. Das dingliche hypothekarische Recht schafft hier eine Gesamtverpflichtung der ihm unterliegenden Grundstücke derart, daß der aus der Hypothek Berechtigte die Wahl hat, welches von diesen Grundstücken er ganz oder auch nur teilweise zu Leistungen heranziehen will (§ 1132 Absatz 1 BGB.). Seine Rechte gehen aber noch weiter, weil er gemäß § 1132 Absatz 2 BGB. seine Hypothek auf die einzelnen Grundstücke nach seiner Wahl so verteilen kann, daß jedes Grundstück nur für den zugeteilten Betrag haftet.

Bei der Versteigerung eines Grundstückes

Kommt ein einziges Grundstück, auf dem sich eine Gesamthypothek befindet, zur Zwangsversteigerung, so wird die Gesamthypothek wie jede andere auf diesem Grundstücke haftende Hypothek behandelt; sie kommt also, wenn sie in das geringste Gebot fällt, in diesem voll zum Ansatz. Sehr häufig wird aber der Fall eintreten, daß eine Gesamthypothek nach §§ 1173—1175, 1181 BGB. erlischt; es hat dann der Ersteher im Verteilungstermine eine Ersatzzahlung in Höhe der Zinsen und des Kapitals zu leisten (§ 50 Absatz 2 Nummer 2 ZVG.), die dann dem ausfallenden Berechtigten zugute kommt[120]).

Bei der Versteigerung mehrerer Grundstücke

Ganz anders ist naturgemäß die rechtliche Wirkung der Gesamthypothek, wenn es sich um die Zwangsversteigerung mehrerer mit einer Gesamthypothek belasteten Grundstücke handelt. Nach § 18 ZVG. kann in diesem Falle die Zwangsversteigerung in einem Verfahren erfolgen, wenn sie wegen eines an jedem der Grundstücke bestehenden Rechts, der Gesamthypothek, betrieben wird. Da es sich hier um eine Kannbestimmung handelt, steht es im Ermessen

---

117) Fischer-Schaefer § 44 Anm. 6, 2. Abs.; Planck § 881 Anm. 8, letzter Abs.

118) Korintenberg-Wenz S. 62 Anm. 3.

119) Die Ausführungen und Beispiele dieses Abschnittes sind bewußt einfach gestaltet. Auf komplizierte Fälle sind u. a. eingegangen Palandt (§ 881 Anm. 6), Staudinger (§ 881 Anm. III, 5), Korintenberg-Wenz (S. 54—62) und Brand-Baur (S. 126—146).

120) Wilhelmi-Vogel § 50 Anm. 4.

des Richters, ob er die Verbindung anordnen will. Er wird es zum Beispiel nicht tun, wenn eine Verwirrung oder Verzögerung des Verfahrens zu befürchten ist oder die Rücksichtnahme auf das berechtigte Interesse einer von mehreren betreibenden Gläubigern es erfordert. Die Anordnung selbst kann sowohl auf Antrag als auch von Amts wegen erfolgen, und zwar gleichzeitig mit der Anordnung des Verfahrens oder auch erst im Laufe desselben[121]). Findet also solch ein Zwangsversteigerungsverfahren statt, dann ergeben sich folgende Möglichkeiten:

1) Einzelausbietung der Grundstücke nach § 63 Absatz 1 ZVG.
2) Einzelausbietung der Grundstücke unter Verteilung der Gesamthypothek nach § 1132 Absatz 2 BGB.
3) Gesamtausbietung aller mit einer Gesamthypothek belasteten Grundstücke und Gruppenausbietung nur einiger dieser Grundstücke gemäß § 63 Absatz 2 ZVG.
4) Einzelausbietung der Grundstücke mit der Befugnis des § 64 Abs. 1 ZVG.
5) Einzelausbietung der Grundstücke mit der Befugnis des § 64 Abs. 2 ZVG.

Demgemäß sind in Fällen der hier gedachten Art das Einzelausgebot und das Gesamtausgebot zu unterscheiden. Es ergibt sich als Gegenstand der weiteren Erörterung, in welcher Weise die Gesamthypothek bei dem Einzel- und bei dem Gesamtausgebot im geringsten Gebot zu berücksichtigen ist.

Zu 1) Einzelausbietung der Grundstücke nach § 63 Absatz 1 ZVG.

Die Regel ist, daß mehrere mit einer Gesamthypothek belastete Grundstücke einzeln auszubieten sind. In das geringste Gebot eines jeden Grundstückes muß dann die Gesamthypothek genau so wie bei der Versteigerung nur eines mit einer Gesamthypothek belasteten Grundstückes voll aufgenommen werden, weil nach § 1132 Absatz 1 BGB. jedes Grundstück für die ganze Forderung haftet.

Zu 2) Einzelausbietung der Grundstücke unter Verteilung der Gesamthypothek nach 1132 Absatz 2 BGB.

Der Gläubiger der Gesamthypothek, der seine Hypothek auf die einzelnen Grundstücke gemäß § 1132 Absatz 2 BGB. verteilen will, kann die Höhe der Aufteilungsbeträge seiner Gesamthypothek auf die einzelnen Grundstücke nach freiem Ermessen bestimmen (siehe hierfür auch §§ 1172 Absatz 2, 1175 BGB.). Diese Aufteilung hat aber für die Aufstellung des geringsten Gebotes nur dann Wirkung, wenn der Gesamtgläubiger dem Versteigerungsrichter bis zur Aufforderung zur Abgabe von Geboten die im Grundbuche erfolgte Löschung der entsprechenden Teilbeträge (§§ 1132 Absatz 2, 875 BGB.) nachweist. Eine in öffentlicher Form abgegebene Verteilungserklärung des Gesamthypothekengläubigers kann die Eintragung nicht ersetzen, weil diese gegen jeden, jene aber nur gegen diejenigen wirksam ist, denen die Erklärung zugeht[122]).

Zu 3) Gesamtausbietung aller Grundstücke, Gruppenausbietung nur einiger derselben gemäß § 63 Absatz 2 ZVG.

Neben dem Einzelausgebot kann aber stets ein Gesamt- beziehungsweise Gruppenausgebot erfolgen (§ 63 Absatz 2 ZVG.), wenn alle im Termin an-

---

[121]) OLG. 15, 289; Wilhelmi-Vogel § 18 Anm. 3; Brand-Baur S. 13.

[122]) RGZ. 73, 53; Jaeckel-Güthe § 64 Anm. 14; Fischer-Schaefer § 64 Anm. 4; v. d. Pfordten § 64 Anm. II 3; Kretzschmar ZVG. S. 271; Steiner § 64 Anm. 5 a; Wilhelmi-Vogel § 64 Anm. 4.

wesenden Beteiligten zustimmen, deren Rechte bei der Feststellung des geringsten Gebotes nicht zu berücksichtigen sind (§ 63 Absatz 5 ZVG.)[123]).

Bei dem Gesamtausgebot werden alle mit der Gesamthypothek belasteten Grundstücke in einem Verfahren versteigert; die Versteigerung beim Gruppenausgebot umfaßt nur einige dieser Grundstücke, so daß gleichzeitig mehrere Gruppenausgebote nebeneinander und neben einem Gesamtausgebot erfolgen können.

Der Antrag nach § 63 Absatz 2 ZVG. hat zur Folge, daß die Hypothek im geringsten Gebot nur einmal, und zwar im vollen Betrage erscheint. Ausgenommen davon ist nur der Fall nach § 63 Absatz 4 ZVG., wenn nämlich auf eines der Grundstücke ein höheres Meistgebot als das geringste Gebot abgegeben wird, wodurch sich dann das geringste Gebot des Gesamtausgebotes um diesen Mehrbetrag erhöht. Die ratio legis hierfür ist wohl darin zu suchen, daß jedem Beteiligten die ihm durch Einzelausgebot gewährte Deckung auch für das Gesamtausgebot gesichert wird[124]). Auf Grund des Gesamtausgebotes wird der Zuschlag nur dann erteilt, wenn das Meistgebot größer ist als das Gesamtergebnis der Einzelausgebote (§ 63 Absatz 4 ZVG.).

Zu 4) Einzelausbietung gemäß § 64 Absatz 1 ZVG.

Der Deckungsgrundsatz, durchgreifend angewendet, zieht einen Mißstand nach sich, nämlich dann, wenn infolge der Vollaufnahme der Gesamthypothek in jedes einzelne geringste Gebot der zu versteigernden Grundstücke diese geringsten Gebote die Einzelwerte der Grundstücke übersteigen. Die dem Gesamtgläubiger nachstehenden Beteiligten, die infolge Berücksichtigung der Gesamthypothek bei jedem Grundstücke zum vollen Betrage Gefahr laufen, ganz auszufallen[125]), müssen gegen eine solche Möglichkeit entsprechend geschützt werden. Dieses kann durch eine Herabsetzung des geringsten Gebotes zum Zwecke einer Erhöhung des Versteigerungserlöses erreicht werden. Die Verminderung erfolgt durch das Einzelausgebot nach § 64 Absatz 1 ZVG. Es ist demgemäß auf Antrag des betreibenden Gläubigers (von mehreren hat hierzu jeder einzelne das Recht gemäß § 27 Absatz 2 ZVG.), des Eigentümers oder eines dem Gesamtgläubiger gleich- oder nachstehenden Beteiligten die Gesamthypothek im geringsten Gebote nicht zum vollen Betrage einzustellen; nur jener Teil der Gesamthypothek ist in das geringste Gebot aufzunehmen, der dem Verhältnis des Wertes der Grundstücke zum Werte aller Grundstücke entspricht. Der Wert der Grundstücke wird nach Abzug aller der Gesamthypothek im Range vorangehenden und bestehenbleibenden Belastungen festgestellt. Hierbei sind bedingte und vorgemerkte Rechte als unbedingte, nicht auf Kapitalzahlung lautende Rechte mit dem gemäß § 51 Absatz 2 ZVG. ermittelten Betrage[126]), noch nicht aufgeteilte Gesamthypotheken im vollen Betrage und Rentenschulden mit der Ablösungssumme einzustellen. Die Summe dieser Lasten ist vom Werte eines jeden Grundstückes abzuziehen, dann erst erfolgt die Verteilung nach dem Verhältnisse der übrigbleibenden Summen.

Für den Fall des § 64 Absatz 1 ZVG. möge folgendes Beispiel dienen: Die Grundstücke I und II sind je 200 000 DM wert und mit einer Gesamthypothek

---

[123]) OLG. Celle 19. 12. 1950 (7 Wlw. 405/50); Rötelmann Nds.-Rpfl. 51 S. 62; Rpfl. 51 S. 216.

[124]) Jaeckel-Güthe § 64 Anm. 16.

[125]) Niedner § 64 Anm. 3.

[126]) Die Festsetzung des Betrages hat nach Anhörung der Beteiligten zu erfolgen. OLG. Celle 19. 12. 1950 (7 Wlw. 405/50), Rötelmann in Nds.Rpfl. 51 S. 62, Rpfl. 51 S. 216.

von 30 000 DM belastet. Dieser geht auf dem Grundstück I eine Hypothek von 80 000 DM und auf dem Grundstück II eine solche von 20 000 DM im Range vor. In diesem Falle ist die Gesamthypothek auf die beiden Grundstücke nicht mit je 15 000 DM, sondern im Verhältnis von

$$\frac{200\,000-80\,000 = 120\,000}{200\,000-20\,000 = 180\,000} = \frac{2}{3}\ \text{Teilen,}$$

also auf I mit 12 000 DM und auf II mit 18 000 DM zu verteilen. Es bleiben somit bestehen auf dem Grundstücke I 80 000 DM und 12 000 DM, ferner auf dem Grundstücke II 20 000 DM und 18 000 DM. Die hiernach verteilte Gesamthypothek erlischt mit dem Zuschlage, soweit sie bei dem betreffenden Grundstücke nicht zum Ansatz kommt, und die Einzelhypotheken treten an ihre Stelle[127]). Der Gesamthypothekengläubiger hat also nach der Durchführung der Zwangsversteigerung statt seiner Gesamthypothek von 30 000 DM an dem Grundstücke I eine Einzelhypothek von 12 000 DM und an dem Grundstücke II eine solche von 18 000 DM.

Ist ein Grundstück mit mehreren Gesamthypotheken belastet, die alle oder einzeln verteilt werden sollen, so muß diese Verteilung dem Range nach vorgenommen werden. Zuerst wird die im Range vorangehende und dann die nachstehende Gesamthypothek zerlegt[128]). Wenn im Falle des § 64 Absatz 1 ZVG. eines der mit der Gesamthypothek belasteten Grundstücke nach Abzug der Vorbelastungen keinen Wert hat oder überschuldet ist, so findet auf dieses Grundstück die Verteilung nach § 64 Absatz 1 ZVG. keine Anwendung, die Gesamthypothek kommt im geringsten Gebote dieses Grundstückes nicht zum Ansatz[129]). Ergibt aber die Wertberechnung, daß nur ein einziges der mit der Gesamthypothek belasteten Grundstücke einen freien Wert aufweist, dann kann einem gemäß § 64 Absatz 1 ZVG. gestellten Antrage überhaupt nicht stattgegeben werden[130]).

Zu 5) Einzelausbietung gemäß § 64 Absatz 2 ZVG. und das daraus entstehende Doppelausgebot gemäß § 64 Absatz 1 und 2 ZVG.

Es ist klar, daß die Rechte des Gesamthypothekengläubigers durch die nach § 64 Absatz 1 ZVG. zulässige Aufteilung, die ohne Zustimmung und gegen den Willen des Gläubigers erfolgen kann, sehr schwer beeinträchtigt werden können. Er braucht sich das Fortbestehen seiner Gesamthypothek in aufgeteilten Einzelhypotheken nicht gefallen zu lassen. Abgesehen davon, daß durch das Gesamtausgebot gemäß § 63 Absatz 2 ZVG.[131]) und die Verteilung der Hypothek gemäß § 1132 Absatz 2 BGB.[132]) das Verfahren gemäß § 64 Absatz 1 ZVG. gegenstandslos gemacht werden kann[133]), ist dem Gesamthypothekengläubiger durch das Einzelausgebot nach § 64 Absatz 2 ZVG. gestattet, die Barzahlung seiner Hypothek zu veranlassen. Er kann verlangen, daß bei der Feststellung des geringsten Gebotes für die Grundstücke nur die seinem Anspruche vorgehenden

---

127) v. Henle § 64 Anm. 9.

128) Jaeckel-Güthe § 64 Anm. 9; v. d. Pfordten § 64 Anm. II, 2.

129) Fischer-Schaefer § 64 Anm. 2; Wolff ZVG. § 64 Anm. 1; v. d. Pfordten § 64 Anm. II,2 und Korintenberg-Wenz § 64 Anm. II, 3.

130) v. d. Pfordten, Korintenberg-Wenz und Wolff wie letzte Anmerkung.

131) Hierüber S. 39/40 zu 3.

132) Hierüber S. 39 zu 2.

133) Jaeckel-Güthe § 64 Anm. 14 Abs. 2, 13. u. 14. Zeile; Fischer-Schaefer § 64 Anm. 4; Hartmann S. 20 ff.

Rechte berücksichtigt werden, als ob er selbst betreibender Gläubiger wäre (im obigen Beispiele würden also auf dem Grundstück I und II die der Gesamthypothek vorgehenden Hypotheken von 80 000 DM und 20 000 DM bestehenbleiben), und daß unter dieser Bedingung die Grundstücke gleichfalls ausgeboten werden. Wenn also beim Vorliegen eines Antrages nach § 64 Absatz 1 ZVG. vom Gesamtgläubiger das Verlangen nach § 64 Absatz 2 ZVG. gestellt wird, dann muß ein Doppelausgebot stattfinden. Dieses erfolgt so, daß ein Ausgebot mit Verteilung der Gesamthypothek auf die einzelnen Grundstücke, wobei die Gesamthypothek im geringsten Gebote verbleibt und vom Ersteher in den festgestellten Beträgen übernommen wird, und ein zweites Ausgebot mit Befriedigung der Gesamthypothek aus dem Bargebot aufgestellt werden.

Das Verfahren bis zum Zuschlage beim Doppelausgebot

Ich will nun auf das darauffolgende Verfahren bis zum Zuschlage eingehen. Erst durch dieses stellt sich heraus, ob die Hypothek als ein Recht des geringsten Gebotes bestehenbleibt oder nicht. Insofern gehört es in diese Ausführungen. Für die Annahme eines der beiden Ausgebote ist nicht (wie regelmäßig in den §§ 59, 61 und 63 ZVG.) das höchste Gebot ausschlaggebend, es steht vielmehr dem Gläubiger der Gesamthypothek das freie Wahlrecht zwischen den einzelnen Geboten zu. Für die Entscheidungsmöglichkeit ist dem Gläubiger die Zeit bis zum Schlusse der Versteigerung gegeben, wobei bis zu diesem Zeitpunkte Anträge, die vor ihm gestellt sind, zurückgenommen werden können, die abgegebenen Gebote erlöschen, unter Umständen dann ein neues geringstes Gebot aufzustellen und die Versteigerung zu wiederholen ist[134]); nur wenn der Gläubiger sich nicht erklärt, dann verbleibt es bei der Feststellung des geringsten Gebotes gemäß § 64 Absatz 1 ZVG. Wenn mehrere Gesamthypotheken im gleichen Rang konkurrieren, dann hat jeder der Gesamtgläubiger auf das Doppelausgebot gemäß § 64 Absatz 2 ZVG. ein Anrecht. Schwierigkeiten werden aber in der Praxis hinsichtlich der Ausübung des Wahlrechtes gemäß § 64 Absatz 2 ZVG. entstehen. In der Literatur wird die Ansicht vertreten, daß in diesem Falle die mehreren gleichberechtigten Gesamtgläubiger den übrigen Beteiligten einheitlich gegenüberstehen. Wird aber eine Einigung über die Ausübung des Wahlrechtes nicht erzielt, so gilt das Meistgebot nach § 64 Absatz 1 ZVG. Ist der Rang der Gesamthypothekengläubiger untereinander nicht gleich, was auch in den Fällen der §§ 268 Absatz 2, 426 Absatz 2, 774 Absatz 1, 1164, 1176 BGB. eingetreten sein kann, so wird das Wahlrecht von dem besser Berechtigten und, wenn mehrere gleichberechtigt sind, von deren Gesamtheit ausgeübt[135]).

Wenn der Gesamthypothekengläubiger sich dafür erklärt, daß das Ausgebot nach § 64 Absatz 2 ZVG. für den Zuschlag maßgebend sein soll, so ist für diesen die Voraussetzung des § 83 Nummer 3 ZVG. erforderlich, wonach durch das Gesamtergebnis der Einzelausgebote die Gesamthypothek und alle ihr gleich- oder nachstehenden, dem betreibenden Gläubiger aber vorgehenden Rechte gedeckt sein müssen. Daraus folgt, daß auch in Fällen des § 64 Absatz 2 ZVG. der Deckungsgrundsatz aufrechterhalten wird. Es kommen allerdings

---

[134]) a. A. Lupprian § 64 Anm. 3 u. Wilhelmi-Vogel § 64 Anm. 1, nach denen der Antrag bis zum Zeitpunkte der Aufforderung zur Gebotsabgabe gestellt werden muß; Wilhelmi-Vogel läßt aber auch die Möglichkeit zu, bis zum Schlusse der Versteigerung den Antrag zurückzunehmen.

[135]) Jaeckel-Güthe § 64 Anm. 19 und Wolff ZVG. § 64 Anm. 1 a.

die Gesamthypothek und die ihr gleich- oder nachstehenden, dem betreibenden Gläubiger aber vorgehenden Rechte nicht als bestehenbleibende Rechte in das geringste Gebot, sondern sie werden aus dem Versteigerungserlöse gedeckt; ihr Ausfall wird dadurch vermieden. Das geringste Gebot wird also nur formell durch die Bestimmung des § 83 Ziffer 3 ZVG. im Falle des § 64 Absatz 2 ZVG. geändert.

Für das Doppelausgebot gemäß §§ 64 Absatz 1 und 64 Absatz 2 ZVG. möge folgendes Beispiel dienen: Ich nehme wieder wie oben[136]) an, daß die Grundstücke I und II mit einem Werte von je 200 000 DM versteigert werden. Zu ihrer im obigen Beispiel erwähnten Belastung von

I	und	II
für A 80 000 DM		für B 20 000 DM
für C 30 000 DM		für C 30 000 DM
	Gesamthypothek	
kommen noch hinzu		
		für D 60 000 DM
für E 40 000 DM		40 000 DM
	Gesamthypothek	

E betreibt die Zwangsversteigerung der beiden Grundstücke und hat nach § 64 Absatz 1 ZVG. den Antrag auf Aufteilung der Gesamthypothek des C von 30 000 DM gestellt. Die Gesamthypothek des C kommt daher, wie bereits erläutert, auf dem Grundstück I in Höhe von 12 000 DM und auf dem Grundstück II in Höhe von 18 000 DM in das geringste Gebot. C verlangt nun die Feststellung des geringsten Gebotes nach Maßgabe des § 64 Absatz 2 ZVG. Danach würden außer den erstattungsfähigen Kosten, Zinsen und Nebenleistungen in das geringste Gebot des Grundstücks I nur die Hypothek des A von 80 000 DM und in dasjenige des Grundstücks II nur die des B von 20 000 DM kommen. Beim letzten Ausgebot werden

für I ein Gebot von 35 000 DM und
für II ein solches von 50 000 DM

als Meistgebote abgegeben. C hat erklärt, daß dieses Ausgebot für den Zuschlag maßgebend sein soll. Das Gesamtergebnis der Einzelausgebote beträgt außer den oben erwähnten Kosten usw. 35 000 DM und 50 000 DM = 85 000 DM. Zur Deckung der Gesamthypothek und der dieser gleich- oder nachstehenden, aber dem betreibenden Gläubiger vorgehenden Rechte sind 30 000 DM und 60 000 DM = 90 000 DM erforderlich. Auf das Grundstück I ist soviel geboten, daß das nicht im geringsten Gebot stehende, aber dem betreibenden Gläubiger vorgehende Recht (die Gesamthypothek) gedeckt ist. Dem Grundstück I ist daher der Zuschlag zu erteilen. Bei dem Grundstück II ist das Zwischenrecht, die Hypothek des D von 60 000 DM aber nicht voll gedeckt. Dem Grundstücke II ist daher der Zuschlag zu versagen.

Aus dem § 83 Nummer 3 ZVG. folgt, wie schon bemerkt, im Falle des Doppelausgebotes (§ 64 Absatz 1 und 2 ZVG.), daß die nicht im geringsten Gebot erscheinenden, dem betreibenden Gläubiger vorangehenden Rechte durch das Gesamtergebnis der Einzelausgebote gedeckt sein müssen. § 83 Nummer 3 ZVG. ist aber nicht genügend klar gefaßt, so daß man, wie ich noch näher ausführen werde, leicht zu einem unrichtigen Ergebnis kommen kann; auch die

136) S. 40/41.

Kommentare zum ZVG., einschließlich der in der letzten Zeit erschienenen, geben hierüber keinen erschöpfenden Aufschluß. Nur von der Pfordten[137]), Reinhard[138]) und Voß[139]) beschäftigen sich damit eingehender.

Ich nehme im letzten Beispiel an, daß auf das Grundstück I nicht nur 35 000 DM, sondern 45 000 DM und auf das Grundstück II 50 000 DM geboten sind. Das Gesamtergebnis der Einzelausgebote beträgt demnach 95 000 DM. Zur Deckung der nicht im geringsten Gebote stehenden, aber dem betreibenden Gläubiger vorgehenden Rechte sind nur 30 000 DM und 60 000 DM, also 90 000 DM erforderlich. Obwohl nach dem Wortlaut des Gesetzes das Gesamtergebnis der Einzelausgebote genügt, erreicht in diesem Falle die Summe der Einzelausgebote nur ziffernmäßig den Betrag der zu deckenden Rechte, da auf dem Grundstück II für die Hypothek des D von 60 000 DM nur in Höhe von 50 000 DM eine Deckung eintritt.

Wie also aus dem letzten und vorletzten Beispiel ersichtlich ist, kann sich das Gesamtergebnis für die einzelnen Grundstücke ganz verschieden zusammensetzen. Von der Pfordten und Voß meinen zutreffend, daß eine Übertragung eines für ein Grundstück nicht benötigten Betrages (im Beispiel auf Grundstück I 15 000 DM) unzulässig ist, da hier Einzelausgebote vorliegen, die völlig selbständig nebeneinander bestehen. § 83 Nummer 3 ZVG. erreicht nicht das, was er aller Wahrscheinlichkeit nach zu wollen scheint. Diese Gesetzesstelle ist daher in der gegenwärtigen Fassung als mißglückt anzusehen.

Wie wird man nun der Absicht des Gesetzes am besten gerecht? Von der Pfordten[140]) faßt seine Ansicht in diesem Falle dahin zusammen, daß, wenn auch nicht völlig einwandfrei, folgendermaßen verfahren werden kann: Die am Schlusse der Versteigerung vorhandenen Meistgebote sind nach der Richtung hin zu prüfen, ob bei dem Verfahren nach § 122 ZVG. die Erlöse hinreichen, um alle nach § 83 Nummer 3 ZVG. zu berücksichtigenden Beteiligten völlig auszuzahlen. Die Folge dieser Auffassung ist also das Vorwegnehmen des Verteilungsverfahrens in einem Zeitpunkte, in dem ein Zuschlag noch nicht erfolgt ist; daraus folgt aber weiter, daß die nötigen Berechnungen nur schätzungsweise vorgenommen werden können. In der Praxis wird freilich ein erfahrener Versteigerungsrichter mit der schätzungsweisen Berechnung meistens das Richtige treffen. Die Bedenken, die dagegen geltend gemacht werden können, verkennt von der Pfordten nicht, denn er sagt[141]): „Es wird kaum möglich sein, eine unanfechtbare Anweisung zu geben, mit deren Befolgung man der durch die unglückselige Hereinziehung des ‚Gesamtergebnisses' heraufbeschworenen Unklarheit Herr werden könnte." Eine allgemein gültige Regel wird sich hier nicht aufstellen lassen, es ist daher der Geschicklichkeit des Versteigerungsrichters zu überlassen, den von Fall zu Fall besten Weg einzuschlagen[142]). Folgendes ist aber hier zu beachten:

1) Das Gesamtausgebot für die Zuschlagserteilung muß höher sein als das Gesamtergebnis der Einzelausgebote (§ 63 Absatz 4 ZVG.).

---

[137]) § 83 Anm. II, 1 d und Bay. Not. Z. 1904 S. 251 ff.

[138]) ZBLFG. 18 S. 301 ff.

[139]) ZblFG. 9 S. 773.

[140]) Bay. Not. Z. 1904 S. 257 ff.

[141]) Bay. Not. Z. 1904 S. 258.

[142]) Nußbaum S. 260 zu Nr. 4.

2) Einem Grundstück ist der Zuschlag zu versagen, wenn das Gebot die nicht im geringsten Gebot stehenden, dem betreibenden Gläubiger aber vorangehenden Rechte nicht deckt, letzteres, weil das Gesetz den Zuschlag von der Deckung der Berechtigten durch das Ergebnis der Einzelausgebote abhängig macht.

Bezüglich der nicht zugeschlagenen Grundstücke ist die Zwangsversteigerung ergebnislos. Ausgenommen davon sind folgende Fälle: a) Der Gesamthypothekar entscheidet sich für das Gebot nach § 64 Absatz 1 ZVG. b) Die Zwangsversteigerung wird nach rechtzeitiger Zurücknahme des gemäß § 64 Absatz 1 ZVG. gestellten Antrages fortgesetzt. c) Es ist noch ein Gesamt-, Gruppen- oder einfaches Ausgebot vorhanden, dem der Zuschlag erteilt werden muß. Im letzten der genannten Fälle ist bei der Feststellung des Gebotes zu ermitteln, welches Einzelausgebot den Zuschlag erhalten würde, wenn nur Einzelausgebote vorhanden sein würden. Hieran schließt sich eine Vergleichung zwischen dem Ergebnis der Einzelausgebote und dem des Gesamtausgebotes; den Zuschlag erhält dann jenes Gebot, das für jedes einzelne Grundstück das vorteilhafteste ist.

Zahlungserweiterungspflicht gemäß § 50 ZVG.

Wie bei jeder gewöhnlichen Hypothek, so kann auch bei der Gesamthypothek der Fall der Ersatzzahlung eintreten[143]). Dadurch, daß bei einem versteigerten Grundstücke eine im geringsten Gebote berücksichtigte Hypothek zur Zeit des Zuschlages nicht mehr als dingliche Belastung des Grundstückes rechtlichen Bestand hatte, würde eine ungerechtfertigte Bereicherung des Erstehers entstehen. Dieser Möglichkeit beugt § 50 ZVG. vor, indem er bestimmt, daß der Ersteher außer dem Bargebote auch den Betrag des im geringsten Gebote berücksichtigten Kapitals zu zahlen hat. Diese Ersatzzahlung ist eine der durch Gesetz festgestellten Versteigerungsbedingungen, und die Ausführung des Teilungsplanes erfolgt durch Übertragung der Forderung gegen den Ersteher und Eintragung einer Sicherungshypothek gemäß §§ 125, 128 ZVG.

§ 50 Absatz 2 Nr. 2 ZVG. sieht für diese Ersatzzahlung auch den Fall vor, daß eine Gesamthypothek an dem versteigerten Grundstücke nach den besonderen Vorschriften über die Gesamthypothek erlischt, aber noch an einem anderen Grundstücke besteht. Die Ersatzzahlung soll hier deshalb eingehender behandelt werden, weil sie in der Praxis am häufigsten vorkommt und bei Aufstellung des geringsten Gebotes schon entstanden sein kann. — Das im § 50 Absatz 2 Nummer 2 ZVG. erwähnte Erlöschen der Gesamthypothek am versteigerten Grundstücke ist materiellrechtlich in den §§ 1173, 1174, 1175 und 1181 BGB. begründet. Zahlungserweiterungspflicht tritt in diesen Fällen nicht beim Bestehenbleiben der Hypothek, sondern nur beim Erlöschen derselben ein[144]). Die Frage, ob des Erstehers Barzahlungspflicht erhöht wird oder nicht, wenn die Verteilung der Gesamthypothek durch den Gläubiger nach § 1172 Absatz 2 BGB. erfolgt, wird in der Literatur verschieden beantwortet. Meines Erachtens tritt die Erhöhung der Barzahlungspflicht dann ein, wenn nach der Verteilung gemäß § 1172 Absatz 2 ZVG. die Gesamthypothek wegfällt, das heißt,

[143]) Von derselben habe ich bereits S. 38 gesprochen.

[144]) Nähere Ausführungen über obige Fälle in Jaeckel-Güthe § 50 Anm. 1, 4—11; Fischer-Schaefer § 50 Anm. 2 c; Wilhelmi-Vogel § 50 Anm. 4.

wenn das versteigerte Grundstück von der Gesamthypothek befreit wird[145]). Von Henle[146]) und Niedner[147]) behaupten, daß die Hypothek nicht mehr an einem Grundstücke besteht; sie nehmen daher eine Erhöhung der Barzahlungspflicht des Erstehers nicht an. Diese Meinung aber läßt außer acht, daß § 50 Absatz 2 Nummer 2 ZVG. auf die Zeit der Feststellung des geringsten Gebotes zu beziehen ist, und daß daher zu dieser Zeit sowie auch noch zur Zeit des Zuschlages des Grundstückes an den Ersteher die Gesamthypothek noch an dem anderen Grundstücke besteht. Durch die gemäß § 1172 Absatz 3 BGB. vorgenommene Verteilung der Gesamthypothek kommt diese an jedem der Grundstücke insoweit zum Fortfall, also mit anderen Worten zum Erlöschen, als der Betrag der Gesamthypothek den zugeteilten Betrag übersteigt. Von einem Erlöschen nach den besonderen Vorschrifen über die Gesamthypothek im Sinne des § 50 Absatz 2 Nummer 2 ZVG. kann hier deshalb gesprochen werden, weil die Eigentümer der belasteten Grundstücke als Gläubiger der Gesamthypothek nach § 1172 Absatz 2 BGB. die Verteilung vorgenommen haben[148]). Jedoch muß die weitergehende Ansicht von Hartmann[149]), daß die Zuzahlungspflicht des Erstehers bereits in dem Zeitpunkte der Entstehung der Eigentümergesamthypothek und nicht erst durch die Verteilung gemäß § 1172 Absatz 2 BGB. zur Entstehung komme, als zu weitgehend abgelehnt werden, weil ein Erlöschen der Gesamthypothek im Sinne des § 50 Absatz 2 Nummer 2 ZVG. nicht schon mit dem erstbezeichneten, sondern erst mit dem letztbezeichneten Zeitpunkte angenommen werden kann. Erst durch die Verteilung wird die Gesamthypothek zu Einzelhypotheken an den belasteten Grundstücken, so daß also ein Erlöschen der Gesamthypothek als solche selbst erst zu diesem Zeitpunkte eintritt.

Sicherungshypothek

Die Sicherungshypothek ist diejenige Hypothek, bei der das Recht des Gläubigers sich nur nach seiner Forderung und nicht nach der buchmäßigen Eintragung bestimmt (§ 1184 BGB.). Der öffentliche Glaube des Grundbuches (§§ 891, 892 BGB.) deckt hier nur das Pfandrecht als solches, das dingliche Recht, soweit es nicht vom Bestand der persönlichen Forderung abhängt, was aber regelmäßig der Fall ist. Gedeckt wird aber nicht der dem Rechte zugrunde liegende persönliche Anspruch. Es muß hier zwischen Forderung und Pfandrecht genau unterschieden werden. Letzteres wird durch das Grundbuch, ersteres auf jede andere gesetzlich zulässige Art zu beweisen sein. Damit nun einer Hypothek die Eigenschaft einer Sicherungshypothek zukommt, muß diese ausdrücklich im Grundbuch als Sicherungshypothek eingetragen sein. Es gibt aber auch Fälle, in denen eine Sicherungshypothek nicht als solche oder überhaupt nicht eingetragen zu sein braucht. Zu den ersteren gehören die zur Sicherheit von Inhaberpapieren eingetragenen Hypotheken (§§ 1187—1189 BGB.) und die Eintragung einer Höchstbetragshypothek (§ 1190 BGB.). Auch bei diesen fallen Pfand- und Forderungsrecht nicht zusammen. Zu den letzteren sind zu zählen die Sicherungshypotheken nach §§ 848 Absatz 2 ZPO. und 1287 BGB.

---

145) Jaeckel-Güthe § 50 Anm. 7 und 9; Reinhard-Müller § 50 Anm. IV, 2; Fischer-Schaefer 50 Anm. 2 c; Wilhelmi-Vogel § 50 Anm. 4.

146) § 50 Anm. 7.

147) § 50 Anm. 3 c.

148) Jaeckel-Güthe § 50 Anm. 7.

149) S. 8.

In das geringste Gebot muß die Sicherungshypothek in der Höhe ihrer buchmäßigen Eintragung dann aufgenommen werden, wenn sie infolge ihres Ranges einen Anspruch auf Aufnahme in das geringste Gebot überhaupt hat. Diese Aufnahme hat auch dann zu erfolgen, wenn der Gläubiger der Sicherungshypothek erklärt, daß sein durch sie gedeckter obligatorischer Anspruch geringer ist als die Bucheintragung[150]). Ferner tritt die Sicherungshypothek voll in das geringste Gebot ein, wenn gegen die Ausfüllung einer solchen Hypothek eine Vormerkung eingetragen ist; das ehemalige Reichsgericht[151]) hat hier den Standpunkt eingenommen, daß der Versteigerungsrichter ein eingetragenes, noch nicht gelöschtes Recht nur dann als nicht bestehend behandeln kann, wenn die Voraussetzungen der Löschung liquid vorliegen, das heißt, wenn die zur Löschung erforderlichen Urkunden oder ein dementsprechendes rechtskräftiges Urteil im Versteigerungstermin vorgelegt werden. Eine Berücksichtigung der noch nicht buchmäßig eingetragenen Sicherungshypothek im geringsten Gebot ist nur dann zulässig, wenn sie rechtzeitig angemeldet und bei Widerspruch des betreibenden Gläubigers hinreichend glaubhaft gemacht ist (§ 45 ZVG.). In der Anmeldung müssen der Rechtstitel des Anspruches und der verlangte Rang ersichtlich gemacht sein[152]). Die „rechtzeitige" Anmeldung hat spätestens unmittelbar vor der Aufforderung zur Abgabe von Geboten zu erfolgen. Die Sicherungshypotheken können auch als Eigentümerhypotheken in das geringste Gebot kommen, so zum Beispiel nach § 868 ZPO., wenn die betreffenden Vollstreckungsmaßregeln aufgehoben werden (Beweisführung nach § 1163 BGB.), oder wenn der Gläubiger, wie schon oben erwähnt, erklärt, daß er einen geringeren persönlichen Anspruch hat, als die Hypothek beträgt (Beweisführung aus § 1168 BGB.). Wenn eine Forderung bei einer Sicherungshypothek überhaupt nicht entsteht, der Gläubiger auf die Hypothek verzichtet oder der Ausschluß des Gläubigers von dem Rechte erfolgt, so fällt die Hypothek an den Eigentümer[153]). Eine besondere buchmäßige Eintragung dieses Überganges oder die Eintragung eines Widerspruches zur Abwendung der Gefahr, daß der eingetragene Gläubiger trotzdem über sein Recht verfügt, ist im Gegensatz zu der Eigentümerhypothek, die aus einer gewöhnlichen Hypothek hervorgegangen ist[154]), nicht nötig, weil, wie schon erwähnt, der öffentliche Glaube des Grundbuches sich nicht auf die Forderung, sondern auf die Hypothek erstreckt[155]).

Zu erwähnen sind noch die Sicherungshypotheken nach §§ 128 und 129 ZVG., die sich aus früheren Zwangsversteigerungen auf Forderungen beziehen, die gegen den Ersteher übertragen sind. Der Gesetzgeber ist offenbar von der Ansicht ausgegangen, den im früheren Verfahren durch das Meistgebot zwar

---

150) v. d. Pfordten § 45 Anm. I, 2.

151) RGZ. 57, 209 ff.

152) Jaeckel-Güthe § 45 Anm. 13.

153) u. 154) Siehe S. 51/52.

155) Bei der Aufstellung des geringsten Gebots kommt in der Praxis nur bei den gemäß § 49 Abs. 1 ZVG. in den bar zu zahlenden Teil des geringsten Gebots fallenden erstattungsfähigen Kosten, Zinsen und anderen Nebenleistungen der Hypothek eine Feststellung, für wen der Anspruch bestehenbleibt, in Betracht.

gedeckten, infolge Nichtzahlung des Erlöses aber nicht zur Befriedigung gelangten Berechtigten die Befriedigung durch eine neue Zwangsversteigerung zu verschaffen. Der Rang der erwähnten Sicherungshypothek ist wohl aus dem Grundbuche ersichtlich, bezüglich ihrer Aufnahme in das geringste Gebot ist aber zu beachten:

1. Treffen nach § 128 Absatz 1 und 2 ZVG. Eigentum und Hypothek zusammen, dann kann die Hypothek nach § 128 Absatz 3 ZVG. zum Nachteil eines bestehenbleibenden Rechts oder einer anderen Sicherungshypothek gemäß § 128 Absatz 2 ZVG. nicht geltend gemacht werden. Letztere Rechte sind also bei einer neuen Versteigerung des Grundstückes vor der Eigentümerhypothek zu befriedigen[156]). Anders verhält es sich aber, wenn der Ersteher nach einer Weiterveräußerung des Grundstückes den Berechtigten, dessen persönlicher Schuldner er geblieben ist, befriedigt hat. Dann behält die Hypothek den bisherigen Rang, vorausgesetzt, daß sie infolge eines Ersatzanspruches gegen den neuen Eigentümer an den Ersteher übergeht (§ 1164 BGB.).

2) Hat derjenige, dem eine Sicherungshypothek nach § 129 ZVG. zusteht, die Zwangsversteigerung, beziehungsweise die Zulassung zum Beitritt nicht binnen sechs Monaten beantragt, dann verliert die Sicherungshypothek den buchmäßigen Vorrang. Dieses tritt auch schon ein, wenn vor Ablauf der erwähnten Frist das Grundstück in einem Wiederversteigerungsverfahren zugeschlagen werden soll und der Gläubiger nicht beigetreten ist[157]).

Die Sicherungshypothek nach § 128 Absatz 2 ZVG. muß in das geringste Gebot nicht als bestehenbleibendes, sondern als bar auszuzahlendes Recht aufgenommen werden (§ 128 Absatz 4 ZVG.). Sie erlischt also mit dem Zuschlage. Der Ersteher kann in dem Wiederversteigerungsverfahren gegen diese Hypothek das Recht der Aufrechnung geltend machen[158]).

Höchstbetrags- und Kautionshypothek

Bei der Höchstbetragshypothek des § 1190 BGB. wird nur der Höchstbetrag, bis zu welchem das Grundstück dem Gläubiger haften soll, bestimmt und in das Grundbuch eingetragen. Der Zweck dieser Hypothek besteht, vorausgesetzt, daß es sich nicht um eine Arresthypothek gemäß § 932 ZPO. handelt, in der Regel darin, daß der Eigentümer für die Forderungen, die dem Gläubiger aus einem Geschäftsverkehr, einem Dienst- oder Rechtsverhältnis erwachsen werden (z. B. Kontokorrent-, Baugeld-, Bauhandwerker- und Baulieferungsforderungen), Sicherheit leisten will. Die Höchstbetragshypothek ist ihrem Wesen nach nichts anderes als eine Hypothek für eine künftige Forderung. Die durch sie zu sichernden Ansprüche bestehen bei ihrer Grundbucheintragung noch nicht. Sie entstehen und entwickeln sich erst im Verlaufe der Zeit nach dieser Eintragung. Die Parteien geben durch diese Art der Hypothekenbestellung unzweifelhaft zu erkennen, daß zukünftige Forderungen gesichert werden sollen; die Eigenschaft dieser zukünftigen Forderungen erlischt mit dem Zeitpunkt, in dem letztere vertragsmäßig oder durch Urteil festgestellt sind. Zur Zeit der Parteivereinbarung, der buchmäßigen Eintragung und während der

---

156) RGZ. 162, 27 mit der darin angeführten Literatur.

157) Jaeckel-Güthe §§ 128, 129 Anm. 10.

158) Fischer-Schaefer §§ 128, 129 Anm. 1.

ganzen Schwebezeit ist also nur eine auflösend bedingte Eigentümergrundschuld vorhanden[159]).

Der § 14 ZVG. kann bei Aufstellung des geringsten Gebotes nicht zur Anwendung kommen, da nach dem Wortlaute dieses Paragraphen nur Ansprüche von unbestimmten Betrage durch die Feststellung des Betrages als aufschiebend bedingt gelten. Es wird im § 14 ZVG. lediglich eine Fiktion geschaffen. Hier aber mit einer Fiktion, also mit einem gedachten, künstlich konstruierten Ereignis zu arbeiten, geht nicht an, weil bei der Höchstbetragshypothek nur ungewiß ist, wer der materiell Anspruchsberechtigte ist, der Eigentümer oder der Gläubiger, nicht aber der aus dem Grundbuche ersichtliche Betrag der Höchstbetragshypothek unbestimmt ist. Die dingliche Belastung ist unter allen Umständen vorhanden, der Wechsel in der Person des Berechtigten ist bei einem dinglichen Rechte aber für den Bestand des Rechts völlig belanglos. Die Höchstbetragshypothek besteht als ein unbedingtes Recht. Aus diesen Gründen kann auch im späteren Verteilungstermin der § 50 Absatz 2 Nummer 1 ZVG. nicht zur Anwendung kommen[160]).

Unter Berücksichtigung vorstehender Meinung unterliegt also die Höchstbetragshypothek bei der Feststellung des geringsten Gebotes keiner Spezialvorschrift. Dieses geht nicht nur aus dem § 45 ZVG., sondern auch aus dem § 114 ZVG. hervor. Im letzteren heißt es ausdrücklich: „In den Teilungsplan sind Ansprüche, soweit ihr Betrag oder ihr Höchstbetrag zur Zeit der Eintragung des Versteigerungsvermerkes aus dem Grundbuche ersichtlich war, nach dem Inhalt des Buches . . . . aufzunehmen . . . .“. Was für den Verteilungsplan gilt, bildet auch die Grundlage für die Aufstellung des geringsten Gebotes. Die Höchstbetragshypothek wird also, wenn sie dem betreffenden Gläubiger vorgeht, im vollen Betrage in das geringste Gebot aufgenommen. Hierbei werden bei einer verzinslichen Forderung die Zinsen gemäß § 1190 BGB. mit eingerechnet, nicht aber die gesetzlichen Zinsen und Kosten gemäß § 1118 BGB.[161]). Der Ansatz erfolgt für den im Grundbuch eingetragenen Gläubiger. Falls bereits eine Umschreibung infolge Nichtentstehens oder Erlöschens der Forderung des Gläubigers auf den Eigentümer (Eigentümergrundschuld)[162]) oder gemäß § 1164 BGB. auf den persönlichen Schuldner oder infolge Pfändung auf einen Gläubiger stattgefunden hat, ist der Anspruch für diese Berechtigten in das geringste Gebot aufzunehmen. Sollte durch über-

[159]) RGZ. 75, 249/250; 97, 226; RG. 22 V JW. 35, 2554; KGJ. 45, 290; Planck § 1163 Anm. 3a, § 1190 Anm. 6 a; Wolff BGB. S. 571/572; Fuchs § 1190 Anm. 11 S. 621; Reinhard im Recht 1918 S. 217 ff.; Palandt § 1190 Anm. 4 a; Warneyer § 1190 Anm. III; Achilles-Greiff § 1190 Anm. 8; Staudinger § 1190 Anm. 1 a S. 1391.

[160]) Für diese Ansicht u. a. RGZ. 49, 165; OLG. Dresden im ZBlFG. 4 S. 627; OLG. Cassel im OLG. 16, 333; Fischer-Schaefer § 14 Anm. 2; Korff S. 22, 53; Krech-Fischer 1929 § 14 Anm. 1; Jaeckel-Güthe § 14 Anm. 3, § 50 Anm. 3; Wolff ZVG. § 14 Anm. 1, § 50 Anm. 3; v. d. Pfordten § 14 Anm. 1, § 50 Anm. II, 3; Nußbaum S. 78, III b; Korintenberg-Wenz S. 132 Anm. 2; Fuchs § 1190 Anm. 14, S. 623 m; Turnau-Förster § 1190 Anm. 13; Willenbücher § 1190 Anm. 7; Steiner § 14 Anm. 3 d; Wilhelmi-Vogel § 14 Anm. 2; Betzinger-Mainhard § 14 Anm..; Jaeckel im ZBlFG. 4 S. 279; Lafrenz in Gruchots Beitr. 46 S. 335; Reinhard im ZBlFG. 4 S. 462 ff.; Kretzschmar in Seuff. Bl. 72, 44 und ZBlFG. 15 S. 40.

[161]) Bezügl. der Kosten siehe RGZ. 90, 172.

[162]) Für § 1163 Satz 1 BGB. kommt der Eigentümer z. Zt. der Eintragung und für § 1163 Satz 2 BGB. der Eigentümer z. Zt. des Erlöschens in Betracht (RGZ. 55, 220; 78, 409; in Gruchots Beitr. 58 S. 669).

einstimmende Willenserklärung des Gläubigers und Schuldners oder durch ein rechtskräftiges Urteil die entsprechende Forderung feststehen, dann ist dieses beim Ansatz auch schon zu berücksichtigen[163]). Stellt sich infolge Anmeldung heraus, daß der Gläubiger der Höchstbetragshypothek aus dem Grundstücke oder den mithaftenden Gegenständen befriedigt ist, also gemäß § 1181 BGB. die Hypothek erloschen ist, so kommt die erloschene Forderung überhaupt nicht in dem geringsten Gebot zum Ansatz, auch wenn sie noch im Grundbuche stehen sollte[164]). Die Befriedigung aus dem Grundstücke kann bis zum Höchstbetrage nur einmal verlangt werden. Ist im geringsten Gebot die Aufnahme erfolgt und wird später festgestellt, daß die Hypothek nicht mehr besteht, dann tritt gemäß § 50 ZVG. die Nachzahlungspflicht ein.

Schon vor dem Inkrafttreten des BGB. gab es eine Höchstbetragshypothek unter dem Namen Kautionshypothek. Hinsichtlich der Behandlung dieser Hypothek bei der Feststellung des geringsten Gebotes ist folgendes zu bemerken:

Soweit es sich um eine Hypothek mit Angabe eines Höchstbetrages handelt (§ 24 EGG.), war diese früher einerseits bedingt, andererseits ihrer Höhe nach unbestimmt. Wenn die zu sichernde Forderung nicht entstand oder erlosch, fand ein Übergang der Hypothek auf den Eigentümer nicht statt. Die nachstehenden Realberechtigten rückten also vor (§ 67 EGG.). Nach Artikel 192 EGBGB. ist diese Hypothek in eine Höchstbetragshypothek des § 1190 BGB. umgewandelt worden. Infolgedessen belastet sie nunmehr in ihrer ganzen Höhe das Grundstück[165]). Soweit aber vor dem 1. 1. 1900 das durch die Kautionshypothek gesicherte Rechtsverhältnis sein Ende erreicht hat, ist der nicht erschöpfte Teil der Kautionshypothek genau so, wie es vor dem Inkrafttreten des BGB. der Fall war, erloschen[166]). Es kommt hinsichtlich dieses Teiles, wenn das Erlöschen angemeldet und auf Verlangen glaubhaft gemacht wird, ein Ansatz im geringsten Gebote dann nicht in Betracht. Falls der Versteigerungsrichter keine Kenntnis davon hat, ob und inwieweit die Kautionshypothek erschöpft ist, kommt die Hypothek dann zum Ansatz, und es tritt später eventuell die Nachzahlungspflicht gemäß § 50 ZVG. ein[167]).

Ist bei der Kautionshypothek ein Höchstbetrag im Grundbuch nicht eingetragen, dann findet der § 14 ZVG. Anwendung. Gemäß § 45 ZVG. kommt die Hypothek nur mit dem Betrage zum Ansatz, der angemeldet und nötigenfalls glaubhaft gemacht wird[168]).

Eigentümerhypothek

An verschiedenen Stellen der Arbeit ist die Eigentümerhypothek bereits berührt[169]). Zur Ergänzung soll jedoch einiges hinzugefügt werden.

---

163) In der Praxis ist es mit Ausnahme der in den bar zu berichtigenden Teil des geringsten Gebotes fallenden Ansprüche belanglos, für wen der volle Betrag der Höchstbetragshypothek im geringsten Gebot aufgenommen wird, da ja bei Feststellung desselben gemäß § 44 ZVG. nur der Anspruch als solcher berücksichtigt zu werden braucht.

164) Fischer-Henle § 1181 Anm. 1 und 2.

165) Siehe S. 49.

166) RGZ. 49, 164; 52, 112, 414; 54, 83; KGJ. 21, 154; Fischer-Schaefer § 14 Anm. 2; Planck EGBGB. Art. 192 Anm. 4 b; Achilles-Greiff EGBGB. Art. 192 Anm. 4; Staudinger § 1190 Anm. 19, S. 1407; Wilhelmi-Vogel § 114 Anm. 5; Korff S. 8/9.

167) Jaeckel-Güthe § 14 Anm. 5; Stegemann in Gruchots Beitr. 46 S. 322 ff.

168) v. Henle § 14 Anm. 1; Fuchs § 1190 Anm. 14; Kretzschmar Seuff. Bd. 72 S. 45.

169) Siehe S. 20, 21/22, 26, 29, 34, 47.

Grundsätzlich wird die Eigentümerhypothek bei der Aufstellung des geringsten Gebotes genau so wie jede andere Hypothek behandelt. Der Eigentümer hat hierbei dieselben Rechte wie der Gläubiger aus einer Buch- oder Briefhypothek[170]). Diese Stellung des Eigentümers folgt schon aus der Erwägung, daß weder materiellrechtlich (BGB.) noch formellrechtlich (ZVG.), abgesehen von der Bestimmung des § 1197 Absatz 1 BGB., von den allgemeinen Bestimmungen über die Behandlung der Eigentümerhypothek abweichende für das Zwangsversteigerungsverfahren vorhanden sind. Aber auch nach der Wertteilstheorie, die allgemein als herrschend angenommen werden kann, ist die rechtliche Stellung des Eigentümers aus der Eigentümerhypothek so gegeben wie dargestellt. Der Eigentümer hat in der Eigentümerhypothek einen selbständigen Teil des Wertes des Grundstückes, der durch eine bestimmte Geldsumme begrenzt ist, als dingliches Recht an eigener Sache; er kann, ohne erst sein Eigentumsrecht im ganzen geltend zu machen, den betreffenden Wertteil, der durch die Eigentümerhypothek bestimmt ist, sich vorweg aneignen. Für diese Theorie sprechen auch die Protokolle der 2. Kommission zum ersten Entwurf des BGB.[171]), wo es heißt: „Was der Eigentümer aus seinem eigenen Grundstück bei der Zwangsvollstreckung erhält, das erhält er nicht als Befriedigung, weil ihm nicht etwas geleistet wird, was bisher außerhalb seines Vermögens war, sondern weil lediglich ein Bestandteil seines Vermögens in Geld umgesetzt wird." Bezüglich der Zinsen, Nebenleistungen und erstattungsfähigen Kosten einer Eigentümerhypothek sind in den §§ 1178 und 1197 Absatz 2 BGB. besondere Bestimmungen getroffen worden. Nach dem ersten Paragraphen können die genannten Ansprüche im geringsten Gebot dann berücksichtigt werden, wenn sie einem Dritten zustehen. Für den Eigentümer findet ein Ansatz nicht statt[172]).

Haben mehrere eine Eigentümerhypothek gepfändet, dann muß derjenige im geringsten Gebot berücksichtigt werden, dessen Pfändung zuerst erfolgt ist[173]). Dieses kann zur Folge haben, daß ein persönlicher Gläubiger des Eigentümers, der die Eigentümerhypothek zuerst hat pfänden lassen, Befriedigung erhält, während ein dinglich Berechtigter (nachstehender Hypothekengläubiger) ausfällt.

Dernburg[174]) und mit ihm viele andere machen bei der Eigentümerhypothek, sehr prägnant zusammenfassend und zum Ausdruck bringend, die Unterscheidung zwischen einer forderungsentkleideten und forderungsbekleideten Hypothek (der Eigentümer hat entweder die Hypothk ohne oder mit der zugehörigen Forderung).

§ 1163 BGB. gibt den hauptsächlichsten Fall der forderungs*entkleideten* Eigentümerhypothek (Nichtentstehung der hypothekarisch gesicherten Forderung, Ausfall der Bedingung, wenn die Hypothek für eine bedingte Forderung bestellt ist, Erlöschen der Forderung durch Erfüllung seitens des persönlich haftenden Eigentümers oder durch Vereinigung in seiner Person und nicht er-

---

[170]) Achilles-Greiff § 1197 Anm. 3; RGZ. 60, 362 f.; Staudinger § 1177 Anm. 3 β.

[171]) Abgedr. in Mugdan S. 853, 16. Zeile ff.

[172]) RGZ. 60, 362; 143, 286. Im Zwangsverwaltungsverfahren kann gemäß § 1197 Abs. 2 BGB. für den Eigentümer ein Ansatz von Zinsen erfolgen.

[173]) S. 47 Anm. 155 gilt auch hier.

[174]) BGB. S. 728.

folgte Übergabe des Hypothekenbriefes an den Gläubiger bei einer Briefhypothek). Weitere Fälle der forderungsentkleideten Eigentümerhypothek behandeln die §§ 1168—1170 BGB. und §§ 868, 932 ZPO. (Verzicht des Gläubigers auf die Hypothek, Ausschluß des unbekannten Gläubigers im Aufgebotsverfahren, Aufhebung einer durch Zwangsvollstreckungsverfahren begründeten Hypothek). Das Gesetz (§ 1177 BGB.) verwandelt, da das Vorhandensein einer Forderung zur Geltendmachung einer Hypothek nötig ist, die forderungsentkleidete Eigentümerhypothek in eine Grundschuld, für welche im übrigen hinsichtlich der Zinsen, Fälligkeit, Kündigung und Zahlungsbedingungen das zu gelten hat, was für die Forderung Geltung haben sollte. Auch für das geringste Gebot ist zu bemerken, daß diese forderungsentkleidete Eigentümerhypothek wie eine Grundschuld zu behandeln ist, und zwar, soweit die Forderung nicht entstanden ist und nicht mehr entstehen kann, für den Eigentümer zur Zeit der Eintragung und, soweit die Forderung erloschen ist, für den Eigentümer zur Zeit des Erlöschens der Forderung[175]).

Die §§ 1143 und 1171 BGB. behandeln die forderungs**bekleidete** Eigentümerhypothek: Der nicht persönlich haftende Eigentümer befriedigt den Schuldner, läßt die unbekannten Gläubiger nach Hinterlegung des Forderungsbetrages ausschließen, erwirbt die Forderung durch Vertrag oder Erbgang, oder der Gläubiger erwirbt das Eigentum, während ein Dritter persönlicher Schuldner ist. Auch hier ist die Eigentümerhypothek nach § 1177 Absatz 2 BGB. der Grundschuld gleichgestellt; daraus folgt, daß eine solche Eigentümerhypothek im geringsten Gebot als Grundschuld zum Ansatz kommt.

Eine Berücksichtigung der Eigentümerhypothek im geringsten Gebot als solche kann aber sowohl bei der forderungsentkleideten als auch bei der forderungsbekleideten nur dann erfolgen, wenn die Umschreibung der Hypothek auf den Eigentümer stattgefunden hat. Ist dieses vor der Eintragung des Zwangsversteigerungsvermerkes geschehen, dann findet die Berücksichtigung für den Eigentümer ohne weiteres, im übrigen nur nach Anmeldung und eventueller Glaubhaftmachung statt (§ 45 ZVG.)[176]).

Grund- und Rentenschuld

An verschiedenen Stellen der Arbeit ist die Grundschuld bereits erwähnt[177]). Hier sollen die Grund- und Rentenschuld nur insofern noch besprochen werden, als sie hinsichtlich der hier untersuchten Frage von der Hypothek abweichen.

Die **Grundschuld** stellt eine dingliche, von der Existenz einer Forderung unabhängige Befriedigungsbefugnis dar; sie unterscheidet sich begrifflich von der Hypothek (§§ 1113, 1191 BGB.) durch das Nichterforderlichsein der Forderung und die grundsätzliche Nichtberücksichtigung der Forderung, falls eine solche besteht. Nach § 1192 BGB. finden auf die Grundschuld die Vorschriften über die Hypothek insoweit Anwendung, als die Grundschuld von dem Bestehen einer Forderung unabhängig ist, also eine Forderung nicht voraussetzt. Sie kann aber mit einer solchen des Grundschuldgläubigers gegen den Grundstückseigentümer oder einen Dritten im Zusammenhange stehen, ebenso wie der Wechsel trotz seiner abstrakten Natur Sicherungsmittel für persönliche Forde-

---

[175]) Vergl. Fischer-Schaefer § 14 Anm. 2 und Jaeckel-Güthe § 14 Anm. 3, ferner die daselbst angezogene Literatur; RGZ. 60, 362; 143, 286.

[176]) S. 47 Anm. 155 gilt auch hier.

[177]) So u. a. S. 49, 50 und auf dieser Seite.

rungen sein kann. Äußerlich betrachtet scheint der Zusammenhang hinsichtlich der Grundschuld nur ein wirtschaftlicher und kein rechtlicher zu sein[178]). Diese Auffassung ist aber nicht zutreffend! Aus dem Umstande nämlich, daß die Grundschuld letzten Endes doch zur Sicherung einer persönlichen Forderung dienen soll, können, falls diese Forderung erloschen ist oder überhaupt nicht entstanden war, ihr Einreden im Sinne der ZPO. entgegengesetzt werden. Das zeigt sich insbesondere, falls die Grundschuld zur Sicherung einer noch nicht feststehenden Forderung gegeben ist und nunmehr Klage erhoben wird. In diesem Falle muß jetzt der Grundschuldgläubiger das Bestehen seiner Forderung begründen und beweisen[179]). Von der Sicherungshypothek (§§ 1184—1190 BGB., 128, 129 ZVG.) unterscheidet sich die Grundschuld insofern, als bei letzterer die Abhängigkeit von einer persönlichen Forderung nach außen hin überhaupt nicht besteht (§ 1192 BGB.), während diese bei der Sicherungshypothek festgehalten ist, solange sich die Hypothek in der Hand eines Dritten befindet (§ 1184 BGB.)[180]). Daher haben auch die auf S. 46—50 befindlichen Ausführungen über die einzelnen Arten der Sicherungshypothek, einschließlich der Höchstbetrags- und Kautionshypothek grundsätzlich keine Beziehung zur Grund- und später noch angesprochenen Rentenschuld.

Aus dem vorstehend Gesagten folgt ohne weiteres, daß die Grundschuld, deren wiederkehrende Leistungen und Nebenkosten bei der Feststellung des geringsten Gebotes genau so behandelt werden wie die entsprechenden Ansprüche der Hypothek. Es sind daher die Ansprüche, soweit sie dem betreibenden Gläubiger vorgehen, gemäß §§ 10 Absatz 1 Nummer 4, 10 Absatz 2, 12, 13, 44, 45 ZVG. in das geringste Gebot aufzunehmen.

Für wen der Ansatz erfolgt, ist in der Praxis, mit Ausnahme der in den bar zu zahlenden Teil des geringsten Gebotes fallenden Ansprüche, grundsätzlich unerheblich, da gemäß § 44 ZVG. bei der Feststellung des geringsten Gebotes nur der Anspruch als solcher aufgenommen zu werden braucht. Während im Falle des § 1196 Absatz 1 BGB., in dem vorgesehen ist, daß zum Unterschiede von der Hypothek für den Eigentümer von vornherein eine Grundschuld bestellt werden kann, ferner für den Fall, daß der Eigentümer die Grundschuldsumme an den Gläubiger gezahlt hat, der Ansatz für den Subhastaten erfolgt, gibt der § 1163 Absatz 1 BGB. Veranlassung zur folgenden Frage: Kommt die Grundschuld, wenn die persönliche Forderung, mit der sie in Verbindung getreten ist, nicht entsteht oder erlischt, für die Eigentümer oder für den Gläubiger im geringsten Gebot zum Ansatz? Die ursprüngliche Ansicht des ehemaligen Reichsgerichts ging dahin: Die nicht valutierte Grundschuld fällt aus, die nachstehenden Berechtigten rücken vor[181]). Spätere Entscheidungen des Reichsgerichts besagen aber: Der auf den nicht abgegoltenen Teil der Grundschuld entfallende Betrag kommt in der Zwangsversteigerung nicht dem nachstehenden Gläubiger zugute, eine solche Grundschuld steht vielmehr dem Gläubiger zu, und der Eigentümer hat gegen den Grundschuldgläu-

---

178) Lindemann-Soergel §§ 1110—1113 S. 1075 Anm. 20.

179) Fischer-Henle § 1192 Anm. 1; Achilles-Greiff § 1192 Anm. 1; Warneyer § 1192 Anm. II; Staudinger § 1192 Anm. II 4 a, S. 1425; RGZ. 60, 247.

180) Fischer-Henle S. 779.

181) RGZ. 60, 255.

biger einen rein obligatorischen Anspruch auf Rückgewähr der Grundschuld[182]. Diese Ansicht halte ich für richtig, denn die Grundschuld ist im Gegensatz zur Hypothek von der Forderung, die sie sichern soll, unabhängig. Besteht diese nicht, so kann die Grundschuld nicht dem Eigentümer, sondern nur dem Gläubiger zustehen, weil diesem das dingliche Recht der Grundschuld ohne Existenz einer Forderung zusteht. Der Eigentümer hat aber, da der Gläubiger die Grundschuld sine causa besitzt, unter Heranziehung des der Grundschuldbestellung zugrunde liegenden Vertrages oder der ungerechtfertigten Bereicherung nach § 812 ff. BGB. den nicht dinglichen, sondern nur rein obligatorischen Anspruch, die Aufhebung beziehungsweise Löschung oder die Übertragung (Rückgewähr) der Grundschuld zu verlangen[183].

Eine Unterart der Grundschuld ist die R e n t e n s c h u l d. Sie wird in der Weise bestellt, daß in regelmäßig wiederkehrenden Terminen eine gewisse Geldsumme (Rente) aus dem Grundstücke zu zahlen ist und der Betrag, durch dessen Zahlung die Schuld abgelöst werden kann, bestimmt und in das Grundbuch eingetragen werden muß (§ 1199 BGB.). Gemäß § 1200 BGB. sind die einzelnen aus der Rentenschuld sich ergebenden Leistungen den Hypothekenzinsen und die Ablösungssumme dem Grundschuldkapital gleichgestellt. Daraus folgt: Gemäß §§ 10 Absatz 1 Ziffer 4, 44, 45 ZVG. kommen bezüglich einer dem betreibenden Gläubiger vorgehenden Rentenschuld die laufenden Leistungen von Amts wegen, also ohne Anmeldung, die aus den letzten zwei Jahren rückständigen Leistungen nach Anmeldung und, wie schon auf S. 40 erwähnt wurde, die Ablösungssumme selbst wie das Kapital der Grundschuld in das geringste Gebot. Für die Berechnung der laufenden und rückständigen Leistungen gilt dasselbe wie bei den Hypothekenzinsen[184].

---

182) RGZ. 78, 67 ff.; 85, 91 f.; Staudinger § 1192 Anm. II 5 a mit angeführter Rechtsprechung Literatur; Achilles-Greiff § 1163 Anm. 2, § 1192 Anm. 1; Warneyer § 1192 Anm. II.

183) Fischer-Henle § 1192 Anm. 1; Fischer-Schaefer § 14 Anm. 2 S. 169; Planck § 1191 Anm. 2; Warneyer § 1192 Anm. I; Achilles-Greiff § 1192 Anm. 1; Korintenberg-Wenz S. 130; RGZ. 78, 60; 85, 92.

184) Siehe hierüber S. 19/20 und 23.

IV. Zwangsversteigerung in besonderen Fällen

Neben der gewöhnlichen Zwangsversteigerung (der sogenannten Schuldzwangsversteigerung) gibt es noch drei Sonderfälle einer Versteigerung, in denen es sich nicht um eine Zwangsvollstreckung handelt, die aber gewissen, auch für die Schuldzwangsversteigerung geltenden Vorschriften unterworfen sind. Im Gegensatz zu dieser ist in den drei Sonderfällen auch nicht ein Vollstreckungstitel gegen den Eigentümer des Grundstückes nötig, es gibt somit keinen Schuldner und Gläubiger im eigentlichen Sinne und auch keinen betreibenden Gläubiger, sondern nur einen Antragsteller.

Bei den drei Fällen handelt es sich um die Zwangsversteigerung

a) auf Antrag des Konkursverwalters,

b) zur Deckung von Nachlaßverbindlichkeiten,

c) zum Zwecke der Aufhebung einer Gemeinschaft.

Auch in diesen Verfahren wird ein geringstes Gebot aufgestellt, dessen rechtliche Beziehungen zu den im Thema der Arbeit angesprochenen Grundpfandrechten im nachstehenden geschildert werden sollen.

Auf Antrag des Konkursverwalters (§§ 172—174 ZVG.).

Nach § 126 KO. kann der Konkursverwalter die Zwangsversteigerung eines zur Zeit der Eröffnung des Konkursverfahrens in die Masse gehörenden Grundstücks betreiben, ist aber dabei an die Vorschriften des § 172 ff. ZVG. gebunden. Er wird von diesem Rechte besonders Gebrauch machen, um die Grundstücke zu realisieren und damit wiederum den der Konkursmasse zukommenden Mehrerlös oder die Höhe der bei der Versteigerung ausgefallenen dinglich gesicherten persönlichen Ansprüche festzustellen.

Aufstellung des geringsten Gebotes

Im allgemeinen gilt auch in diesem Verfahren bei der Feststellung des geringsten Gebotes der § 44 ZVG., also der Deckungsgrundsatz. Daraus, daß alle Rechte an dem Massegrundstück, soweit sie nicht nach § 15 KO. den Konkursgläubigern gegenüber unwirksam sind, den Masseschulden vorangehen, andererseits aber der Konkursverwalter nur zugunsten der Konkursgläubiger die Zwangsvollstreckung betreibt, folgt: alle Rechte am Versteigerungsobjekt, ausgenommen die unter § 15 KO. fallenden, müssen im geringsten Gebote berücksichtigt werden, so daß hier genau dasselbe Verfahren zu beobachten ist, als ob es sich um eine von einem Gläubiger des Grundstückseigentümers auf Grund eines persönlichen Zwangsvollstreckungstitels eingeleitete Zwangsversteigerung handeln würde. Der § 174 ZVG. schafft jedoch eine Ausnahme von dieser Regel in der Weise, daß das geringste Gebot noch in anderer Weise festgestellt werden kann. Der Grund für diese Vorschrift des § 174 ZVG. findet sich im § 64 KO. Nach diesem kann jeder Hypothekengläubiger für seine persönliche Forderung gegen den Gemeinschuldner aus der Masse die quotenmäßige Befriedigung in der Höhe verlangen, in welcher er bei der Verwertung des Grundstückes ausgefallen ist oder auf die abgesonderte Befriedigung verzichtet hat. Die Beweispflicht hierüber trifft ihn gemäß § 153 KO. Daraus folgt, daß der Hypothekengläubiger, wenn nicht der praktisch wohl kaum zutreffende Fall des Verzichtes aus dem Grundstücke eintritt, spätestens bis zum Ablaufe der Ausschlußfrist im Konkursverfahren (§§ 151, 152 KO.) den Nachweis des Ausfalles im Zwangsversteigerungsverfahren erbracht haben muß, weil dieses Voraussetzung für die Feststellung des Ausfalls nach § 64 KO. ist. Daher hat der Hypothekengläubiger, der zugleich persönlicher Gläubiger ist, das größte Interesse an einer möglichst raschen Zwangsversteigerung des Massegrundstückes durch den Konkursverwalter, weil nur auf diesem Wege die zahlenmäßig richtige Feststellung des Ausfalles erzielt werden kann. Es ist möglich, daß der Hypothekengläubiger die Zwangsversteigerung selbst beantragt, meistens wird es aber nicht der Fall sein, da in der Regel die Fälligkeit des Anspruchs aus der Hypothek fehlen wird.

Würden sämtliche am Massegrundstück bestehenden Realrechte in das geringste Gebot aufgenommen, so käme besonders bei hoher Belastung des Grundstückes das Erzielen von Geboten kaum in Betracht. Die Folge davon wäre, daß sich der Hypothekengläubiger der Gefahr aussetzte, den Nachweis seines Ausfalls in diesem Zwangsversteigerungsverfahren gemäß §§ 64, 153 KO. nicht rechtzeitig beziehungsweise überhaupt gar nicht erbringen zu können. Dem Hypothekengläubiger ist daher durch die Sonderbestimmung des § 174 ZVG. die Möglichkeit geboten, bis zum Schlusse der Verhandlung im Versteigerungstermine neben der obigen Feststellung des geringsten Gebotes eine solche in der Weise zu verlangen, daß nur die seinem Anspruche vorangehenden Rechte berücksichtigt werden. Der Zuschlag bringt sein dingliches Recht zum Erlöschen; Befriedigung erhält er durch Barzahlung, oder er fällt aus und bekommt für den Ausfall die entsprechende Konkursdividende. Voraussetzung für einen Antrag nach § 174 ZVG. ist jedoch, daß das auf abgesonderte Befriedigung aus dem Massegrundstück gehende Recht des Hypothekengläubigers, dem der Gemeinschuldner auch persönlich haftet, vom Konkursverwalter anerkannt worden ist. Diese Anerkennung ist auch durch konkludente Handlungen möglich, nämlich durch das Unterlassen eines Widerspruches seitens des im Versteigerungstermine anwesenden Konkursverwalters gegen den Antrag des Realberechtigten. Ranggleiche oder nachstehende Realberechtigte brauchen nicht zuzustimmen; es werden deren Rechte in diesem Angebote im geringsten Gebot gleich dem Rechte des Antragstellers nicht berücksichtigt. Unter mehreren Antragstellern hat der im Range bestberechtigte den Vorzug[1]). Sind für eine Hypothek mehrere Gläubiger vorhanden, dann richtet sich die Beantwortung der Frage, ob einer derselben oder nur alle zusammen antragsberechtigt sind, danach, ob es sich um ein Gesamtgläubigerverhältnis oder nur um Teilberechtigungen handelt. Es liegt immer eine Geldforderung, eine teilbare Forderung vor, woraus nach § 428 BGB. folgt, daß jede einzelne antragsberechtigt ist. Nur bei einer Nachlaßhypothek kann der einzelne Erbe vor der Erbteilung den Antrag nicht stellen, weil erst durch die Erbteilung sein Anteil an der Hypothek bestimmt wird (§ 2040, 2042 BGB.)[2])

Jeder Hypothekengläubiger, der einen vollstreckbaren Schuldtitel in Händen hat, kann ohne Rücksicht auf das Konkursverfahren die Zwangsversteigerung des Grundstücks betreiben. Der Konkursverwalter kann, wenn der Hypotheken-

---

[1]) Jaeckel-Güthe § 174 Anm. 8; Wilhelmi-Vogel § 174 Anm. 2 c.

[2]) Wilhelmi-Vogel § 174 Anm. 2 c.

gläubiger nicht betreibender Gläubiger ist, jederzeit die Einstellung des Verfahrens veranlassen. Ist aber der Zwangsversteigerungsantrag auch vom Realberechtigten gestellt, so geht das Verfahren weiter; nur ist der Realberechtigte dann nicht mehr befugt, eine Feststellung des geringsten Gebotes nach § 174 ZVG. zu fordern. Es gelten dann nur noch die Gebote, die unter Zugrundelegung des gewöhnlichen geringsten Gebotes gemäß § 44 ZVG. abgegeben werden bzw. worden sind[3]). Bezüglich des bisher Gesagten verweise ich auf die Ausführungen von Jaeger[4]), Jaeckel-Güthe[5]), Fischer-Schaefer[6]), Krech-Fischer[7]), Wolff[8]) und Wilhelmi-Vogel[9]).

Das Verfahren des Doppelausgebotes bis zum Zuschlage

Ich will nun das Verfahren bis zum Zuschlage näher erörtern, da dieses die Grundlage dafür ist, ob alle oder nur die dem gemäß § 174 ZVG. in Betracht kommenden Antragsteller vorgehenden Hypotheken als Rechte des geringsten Gebotes bestehenbleiben. So ist in der Literatur sehr bestritten die Frage, wem der Zuschlag zu erteilen ist, wenn auf beide Ausgebote (also bei dem einen unter Berücksichtigung aller Ansprüche und bei dem anderen nur der dem Rechte des Antragstellers vorgehenden) Gebote, die das geringste Gebot erreichen, abgegeben werden (Ein unwirksames Gebot kommt für einen Zuschlag nach § 71 Absatz 1 ZVG. nicht in Betracht.). Reinhard-Müller[10]), Wolff[11]), von Henle[12]), Günther[13]) und Badstübner[14]) meinen, der Zuschlag müsse in diesem Falle auf das höchste der beiden Gebote erteilt werden. Jaeckel-Güthe[15]), Niedner[16]), Betzinger-Mainhard[17]), Korintenberg-Wenz[18]), Wilhelmi-Vogel[19]) halten dagegen das Meistgebot für maßgebend, welches auf das von dem Realgläubiger beantragte und dementsprechend festgestellte geringste Gebot abgegeben wurde. Eine vermittelnde Ansicht vertreten Fischer-Schaefer[20]), von der Pfordten[21]), Kretzschmar[22]), Steiner[23]) und Krech-Fischer[24]), indem sie dem Gläubiger die Wahl lassen, für welches der Zuschlag erteilt werden soll. Wählt dieser nicht, so soll nach ihrer Auffassung das Meistgebot den Zuschlag erhalten, welches auf das von ihm veranlaßte geringste Gebot abgegeben wurde.

---

[3]) RGZ. 75, 138.
[4]) § 126 Anm. II, 2.
[5]) § 174 Anm. 1—8.
[6]) § 174 Anm. 1—3.
[7]) § 174 Anm. 1—4.
[8]) ZVG. § 174 Anm. 1—5.
[9]) § 174 Anm. 1—4.
[10]) § 174 Anm. III, 5.
[11]) ZVG. § 174 Anm. 6.
[12]) § 174 Anm. 5.
[13]) II S. 56.
[14]) S. 379.
[15]) § 174 Anm. 10.
[16]) § 174 Anm. 3.
[17]) § 174 Anm. I, 2.
[18]) § 174 Anm. 5.
[19]) § 174 Anm. 4 c.
[20]) § 174 Anm. 4.
[21]) § 174 Anm. III, 6.
[22]) ZVG. S. 332.
[23]) § 174 Anm. 3.
[24]) § 174 Anm. 5.

Der Kern dieser Frage liegt in der Entscheidung, ob das Recht der Konkursmasse oder das Recht des Hypothekengläubigers das stärkere ist. Für die besondere Berücksichtigung der Konkursmasse spricht meines Erachtens lediglich der Umstand, daß die Interessen der Mehrheit der Gläubiger einem einzelnen gegenüber zu bevorzugen sind. Andere Gründe können hierfür nicht in Frage kommen. Ganz anders gestaltet sich aber die Sache, wenn man fragt: „Ist es gerechtfertigt, dem Hypothekengläubiger den anderen Gläubigern gegenüber den Vorzug zu geben?" So sehr man im ersten Augenblick geneigt sein dürfte, diese Frage zu verneinen, so wird man sich doch bei genauer Betrachtung der rechtlichen Beschaffenheit der Hypothekenansprüche der gegenteiligen Anschauung nicht verschließen können. Das Recht des Hypothekengläubigers ist ein dingliches. Schon der Begriff der Dinglichkeit dieses Rechtes schließt eine Begünstigung des Berechtigten gegen diejenigen in sich, deren Ansprüche rein obligatorisch begründet sind. Der Hypothekengläubiger hat bei Entstehung seines Rechtes entweder gar nicht oder nur in äußerst geringem Maße Rücksicht auf das obligatorische Vertragsverhältnis, in das sein Schuldner getreten ist, genommen. Um sich möglichst einfach auszudrücken: Bei Gewährung der Hypothek hatte der Gläubiger nicht den Schuldner, sondern in allererster Linie das Grundstück im Auge. Es ist daher nur eine logische Folge dieser Auffassung, wenn das dingliche Recht des Hypothekengläubigers möglichst dahin ausgelegt wird, daß es andere Rechte ausschließt beziehungsweise deren Geltendmachung erst nach seiner Befriedigung zuläßt. Ich trete daher jener Ansicht bei, die dem Hypothekengläubiger weitergehende Rechte einräumt als der Konkursmasse. Wenn Wolff meint, daß dadurch das Interesse der Konkursmasse dem „schrankenlosen Belieben" des Antragstellers preisgegeben ist, so irrt er, denn von einem „schrankenlosen Belieben" kann hier keinesfalls die Rede sein; der Antragsteller kann nicht mehr Rechte gegen das Grundstück ausüben, als ihm zustehen. Diese kann er aber voll und ganz geltend machen, und es wäre, abgesehen von der Unbilligkeit, rechtlich unzulässig, ihn darin zu beschränken.

Nach diesen theoretischen Erörterungen komme ich nun zu der Frage selbst, welchem Meistgebot der Zuschlag zu erteilen ist. Da das Gesetz ausdrücklich Bestimmungen über diesen Fall nicht enthält, muß auf den vom Gesetzgeber gewollten Zweck zurückgegriffen werden. Der Gesetzgeber hatte entschieden die Absicht, aus den oben erwähnten Gründen den Realgläubiger vor den Gläubigern, die Konkursgläubiger nur auf Grund obligatorischer Ansprüche sind, zu bevorzugen. Bei der Ansicht von Wolff ist das Vorzugsrecht des Antragstellers nicht berücksichtigt worden. Sie fällt bei dieser Erörterung aus diesem Grunde fort. Die Ansichten von Jaeckel-Güthe und Fischer-Schaefer bringen wohl das Vorzugsrecht des Antragstellers. Nimmt man aber die Jaeckel-Güthe'sche Ansicht als richtig an, dann wäre das im Gesetz aufgeführte Doppelausgebot zwecklos. Gegen die Ausführungen von Fischer-Schaefer spricht, daß das von ihnen angenommene Wahlrecht im Gesetze expressis verbis nicht enthalten ist. Ich komme jetzt zu der folgenden Frage: Wird dadurch, daß ohne weiteres das auf Grund des von dem Antragsteller herbeigeführten geringsten Gebotes abgegebene Meistgebot den Zuschlag erhält, das Recht des Antragstellers am besten gewahrt, oder dadurch, daß dem Gläubiger die Wahl gelassen wird, für welches Meistgebot der Zuschlag zu erteilen ist? Das durch den Antrag des Gläubigers entstandene Meistgebot wird zu größerer Barzahlung verpflichten. Und nicht selten wird auf dieses Gebot ein geringeres Gebot abgegeben werden als auf das andere, bei dem alle Rechte bestehenbleiben. Dem Antragsteller wird es daher in vielen Fällen vorteilhafter erscheinen, mit seinem Rechte bestehen zu bleiben, anstatt mit seiner Hypothek ganz oder teilweise auszufallen und diesen Ausfall aus der Konkursmasse decken zu müssen. Hierfür folgendes Beispiel:

Ein Grundstück ist belastet an

1. Stelle mit 20 000 DM,
2. Stelle mit 80 000 DM.

Der Konkursverwalter betreibt die Zwangsversteigerung. Der Gläubiger der 80 000 DM hat den Antrag aus § 174 ZVG. gestellt.

Das geringste Gebot, das durch den Antrag des Konkursverwalters entsteht, setzt sich zusammen:

aus den bestehenbleibenden Rechten mit	100 000 DM
und einem Bargebot von	600 DM.

Das geringste Gebot nach dem Antrag aus § 174 ZVG. enthält

die bestehenbleibenden Rechte mit	20 000 DM
und ein Bargebot von	400 DM.

Auf das erste geringste Gebot wird ein Meistgebot von 700 DM und auf das zweite ein solches von 60 400 DM abgegeben.

Für den Gläubiger der 80 000 DM ist das Ergebnis also das, daß er nach dem ersten Meistgebot mit seiner Hypothek bestehenbleibt und er nach dem zweiten Meistgebot mit 20 000 DM ausfällt und insoweit einen Anspruch an die Konkursmasse hat. Es ist daher der bereits erwähnte Fall möglich, daß der Gläubiger durch den Zuschlag auf Grund des ersten Meistgebotes größere Vorteile als durch den auf Grund des zweiten Meistgebotes hat.

Also ohne weiteres das Wahlrecht des Realberechtigten auszuschließen, liegt nicht in dessen Interesse. Dieses Wahlrecht müßte daher im Gesetz aufgenommen werden, und zwar mit der Maßgabe, daß die Zurücknahme des Antrages seitens des Konkursverwalters auf die rechtliche Lage des Realberechtigten ohne jeden Einfluß bleibt.

Nun könnte die Frage aufgeworfen werden: Wird durch solch ein Wahlrecht des Realberechtigten das Recht des Meistbietenden auf den Zuschlag nicht berührt? Demgegenüber habe ich zu erwähnen, daß dieses im Gesetz dann enthaltene Wahlrecht des Antragstellers dem Bieter schon bei Abgabe seines Gebotes auf den eventuellen Verlust des Rechts auf Zuschlagserteilung hinweisen würde. Abgesehen davon hat der Meistbietende nach §§ 29—31, 33, 72 Absatz 3, 75 ZVG. kein unbedingtes Recht auf den Zuschlag[25]).

Zur Deckung der Nachlaßverbindlichkeiten (§§ 175—179 ZVG.)

Der 2. Sonderfall, bei dem es sich auch nicht um eine gewöhnliche Zwangsversteigerung handelt, stellt die Versteigerung eines Nachlaßgrundstückes dar. Diese ist nur möglich, wenn ein Nachlaßgläubiger vorhanden ist, der für seine persönliche Forderung ein Recht auf Befriedigung aus einem zum Nachlaß gehörenden Grundstück hat. Wer den Antrag auf Zwangsversteigerung stellen kann, ist im § 175 ZVG. zum Ausdruck gebracht. In erster Linie ist es der Erbe oder bei Miterben jeder von ihnen. Der Nachlaßgläubiger kommt hierfür nicht in Betracht. Das Verfahren verfolgt lediglich den Zweck, einen Nachweis über

[25]) Vergl. hierzu auch Fischer-Schaefer § 81 Anm. 2.

den Ausfall der Forderung des Nachlaßgläubigers im Zwangsversteigerungsverfahren dem übrigen Nachlaß gegenüber zu erbringen, so wie es bei der im vorstehenden Abschnitt geschilderten Zwangsversteigerung mit der dinglich gesicherten Forderung des Konkursgläubigers der Fall ist.

Für die rechtlichen Beziehungen zwischen dem geringsten Gebot und den in dieser Arbeit in Frage kommenden Grundpfandrechten gilt das im vorigen Abschnitt besonders zu § 174 ZVG. Gesagte sinngemäß. Auch hier kann der dinglich berechtigte Nachlaßgläubiger beantragen, daß bei der Feststellung des geringsten Gebots nur die seinem Anspruch vorgehenden Rechte berücksichtigt werden. Stellt er diesen Antrag nicht, so kann ihm die Befriedigung aus dem übrigen Nachlaß verweigert werden (§ 179 ZVG.)[26].

Zum Zwecke der Aufhebung der Gemeinschaft (§§ 180—184 ZVG.)

Auf Antrag eines Miteigentümers

Die Gemeinschaft, die durch die Zwangsversteigerung aufgehoben werden soll, kann entweder eine zur gesamten Hand oder zu Bruchteilen sein. Bei der Zwangsversteigerung zur Aufhebung einer Gemeinschaft zur gesamten Hand bereitet die Aufstellung des geringsten Gebots keine Schwierigkeiten, da alle Rechte in dasselbe fallen[27]). Dieses ist aber anders bei der Zwangsversteigerung zur Aufhebung einer Gemeinschaft nach Bruchteilen. Für diesen Fall regelt der § 182 ZVG., daß nur die Rechte, welche den Anteil desjenigen, der das Verfahren beantragt hat (Antragsteller), belasten oder mitbelasten, sowie alle diesen Rechten vorgehenden oder gleichgehenden Rechte im geringsten Gebot zu berücksichtigen sind[28]).

Die Frage, ob ein Rangverhältnis zwischen den am Anteile des Antragstellers bestehenden oder mitbestehenden Rechten und jenen Rechten, welche nur einen anderen Miteigentümeranteil belasten, vorhanden ist, ist nach der herrschenden Ansicht zu verneinen[29]). Wolff[30]) ist anderer Ansicht. Er meint, daß auch ein nur den Anteil eines das Verfahren nicht betreibenden Miteigentümers betreffendes Recht den auf dem Anteile des Antragstellers haftenden Rechten vorangehe beziehungsweise gleichstehe, wenn es vor beziehungsweise zu gleicher Zeit mit letzteren Rechten eingetragen worden ist. Nach dem Wortlaut des § 182 ZVG. steht auf den ersten Blick allerdings der Ansicht von Wolff nichts entgegen. Wenn man aber die ratio legis berücksichtigt, dann erweist sich die Darstellung von Wolff als falsch, denn der Gesetzgeber hatte es nicht nötig, den Fall, daß ein nur auf den Anteilen der anderen Miteigentümer haftendes Recht den nur den Anteil des Antragstellers belastenden Rechten vorgeht oder gleichsteht, expressis verbis auszuschließen, weil ein solcher Fall schon mit Rücksicht auf die Verschiedenheit der Haftungsobjekte und deren rechtliche Selbständigkeit untereinander an sich nicht denkbar ist[31]). Es kann nämlich

---

[26]) Krempel S. 42.

[27]) Wilhelmi-Vogel § 182 Anm. 1.

[28]) Soweit auch in diesem Abschnitt schlechthin von Rechten gesprochen ist, betreffen die Ausführungen auch die im Thema der Arbeit erwähnten Grundpfandrechte.

[29]) OLG. Colmar ZBlFG. 6 S. 528; Jaeckel-Güthe § 182 Anm. 2; Fischer-Schaefer § 182 Anm. 2; Krech-Fischer § 182 Anm. 1; Reinhard-Müller § 182 Anm. I; Betzinger-Mainhard § 182 Anm. III; v. d. Pfordten § 182 Anm. 1; Niedner § 182 Anm. 2 a; Kretzschmar ZVG. 355; Steiner § 182 Anm. 2.

[30]) ZVG. § 182 Anm. 1.

[31]) Fischer-Schaefer § 182 Anm. 1.

ebensowenig, wie bei verschiedenen Grundstücken eine Rangordnung zwischen den die einzelnen Grundstücke belastenden Rechten möglich ist, von einer solchen zwischen den verschiedenen Lasten der einzelnen Bruchteile eines Grundstückes gesprochen werden. Wolff selbst gibt zu, daß ein solches Rangverhältnis eigentlich nicht besteht, meint aber, daß durch die Teilungsversteigerung diese verschiedenen Rechte zueinander in rangrechtliche Beziehung gebracht werden. Aber auch mit dieser Begründung kann Wolff nicht durchgreifen, weil eine solche Unterscheidung zwischen dem allgemeinen und dem besonderen Fall der Zwangsversteigerung nicht nur dem Gesetz völlig fremd ist, sondern auch innerlich jeder Begründung entbehrt. Die Tatsache nämlich, daß ein Grundstück zur Zwangsversteigerung kommt, reicht an sich allein nicht aus, die rechtliche Rangordnung der an diesem Grundstück bestehenden Rechte irgendwie zu beeinflussen. Sagt Wolff schließlich, daß in dem besprochenen Falle durch Nichtaufnahme der auf den einzelnen Anteilen der nicht betreibenden Miteigentümer haftenden Hypotheken in das geringste Gebot ein Nachteil entsteht, so ist darauf zu erwidern, daß dieser durch den Absatz 2 des § 182 ZVG. behoben wird[32]).

Bei Feststellung des geringsten Gebotes werden also von den Rechten, welche die Anteile der nicht betreibenden Miteigentümer belasten, nur diejenigen berücksichtigt, die einem Rechte, das auch den Anteil des Antragstellers mit umfaßt, gleichstehen oder vorgehen. Sind also auf einem Grundstücke die Anteile der Miteigentümer

	A	und	B
an 1. Stelle mit			30 000 DM
an 2. Stelle mit	40 000 DM		
an 3. Stelle mit			80 000 DM
an 4. Stelle mit	60 000 DM		

belastet, und ist A der Antragsteller, dann kommen nur die 40 000 DM und 60 000 DM des Anteils A in das geringste Gebot. Sind aber obige Anteile

	A	und	B
an 1. Stelle mit			30 000 DM
an 2. Stelle mit	40 000 DM —	Gesamthypothek	— 40 000 DM
an 3. Stelle mit			80 000 DM
an 4. Stelle mit	60 000 DM		

belastet, und ist A gleichfalls Antragsteller, so fallen in das geringste Gebot außer den 40 000 DM und den 60 000 DM des Anteils A die 30 000 DM des Anteils B, weil letztere auf dem Anteile des B den 40 000 DM, die den Anteil des A mitbelasten, vorgehen.

Der besprochene Fall wird noch verwickelter, wenn das Grundstück mehr als zwei Miteigentümer hat. Hierfür möge folgendes Beispiel erläuternd dienen: Auf einem Grundstücke sind die Anteile der Miteigentümer

	A	B	und	C
an 1. Stelle mit	20 000 DM			
an 2. Stelle mit		50 000 DM		
an 3. Stelle mit	40 000 DM —	Gesamthypothek		— 40 000 DM

[32]) Hierüber noch besonders S. 62 f.

an 4. Stelle mit 30 000 DM
an 5. Stelle mit 60 000 DM——60 000 DM
Gesamthypothek
an 6. Stelle mit 70 000 DM — 70 000 DM
Gesamthypothek
an 7. Stelle mit 50 000 DM — 50 000 DM
Gesamthypothek

belastet. Betreibt B das Verfahren, so sind bei Aufstellung des geringsten Gebotes nicht nur die den Anteil des B belastenden beziehungsweise mitbelastenden Posten 2, 4, 6 und 7 zu berücksichtigen, sondern auch noch die Posten 1, 3 und 5, und zwar letztere, weil sie auf dem Anteil des A den Vorrang vor der Post 7, die den Anteil des B gleichfalls mitbelastet, vorgehen.

Weil es sich nun sehr oft ereignen kann, daß bei der Feststellung des geringsten Gebotes bei einem Miteigentümeranteil ein größerer Betrag berücksichtigt werden muß als bei einem anderen Anteil, so ist durch § 182 Absatz 2 ZVG. bestimmt, daß das geringste Gebot sich hier um jenen Betrag erhöht, der nötig ist, um unter den verschiedenen Miteigentümern einen Ausgleich zu schaffen. Wie es in den Motiven[33]) heißt, geschieht dieses dadurch, „daß dem geringsten Gebot die Beträge zugerechnet werden müssen, um welche die Belastungen des am höchsten belasteteten Anteils die Belastungen eines jeden der übrigen Anteile übersteigen.“ Der Ausgleichungsbetrag muß also so bemessen werden, daß durch ihn die Anteile gleich hoch gestellt werden[34]). Die nach dieser Regel dem geringsten Gebot zugerechneten Beträge sind, obwohl sie an sich in das geringste Gebot gehören, vom Ersteher im Verteilungstermin bar zu zahlen, worauf die Motive zum Zwangsversteigerungsgesetz ausdrücklich hinweisen[35]). Die Richtigkeit dieses Satzes ist auch von der Literatur einstimmig hervorgehoben worden. Folgendes Beispiel will ich für die Ausgleichung geben: Auf einem Grundstücke, das dem A und B je zur Hälfte gehört, sind auf den Anteilen des

	A	und	B
an 1. Stelle	60 000 DM		
an 2. Stelle			120 000 DM
an 3. Stelle	40 000 DM	—— Gesamthypothek ——	40 000 DM
an 4. Stelle	30 000 DM		
an 5. Stelle			50 000 DM

eingetragen. Wenn A das Verfahren betreibt, so sind bei A 60 000 DM und 1/2 40 000 DM (20 000 DM) und 30 000 DM = 110 000 DM und bei B, wie oben näher ausgeführt, 120 000 DM und 1/2 40 000 DM (20 000 DM) = 140 000 DM berücksichtigt. Ohne Nebenkosten erhöht sich also das geringste Gebot um 30 000 DM. Betreibt B das Verfahren, so haben bei B 120 000 DM und 1/2 40 000 DM (20 000 DM) und 50 000 DM = 190 000 DM und bei A 60 000 DM und 1/2 40 000 DM (20 000 DM) = 80 000 DM Berücksichtigung gefunden. Das geringste

[33]) Mot. S. 364.
[34]) Jaeckel-Güthe § 182 Anm. 3 Abs. 2; Wilhelmi-Vogel § 182 Anm. 3.
[35]) Mot. S. 364; Denkschrift S. 69.

Gebot erhöht sich also um 110 000 DM. Dasselbe Ergebnis wird man erzielen, wenn bei der Berechnung die Gesamtbelastung unberücksichtigt bleibt[36]).

Auf Antrag mehrerer Miteigentümer

Der § 182 Absatz 1 ZVG. regelt die Feststellung des geringsten Gebotes für den Fall, daß nur ein Miteigentümer die Zwangsversteigerung zum Zwecke der Gemeinschaftsaufhebung beantragt hat. Das Gesetz enthält aber keine ausdrückliche Bestimmung über das Verfahren bei Aufstellung des geringsten Gebotes, wenn mehrere Miteigentümer die Zwangsversteigerung beantragt haben, oder wenn dem Verfahren andere Miteigentümer oder andere Personen, die das Recht für einen Miteigentümer ausüben (zum Beispiel Pfandgläubiger — §§ 751, 2044 BGB.), unter Beachtung der im § 44 Absatz 2 ZVG. neuster Fassung vorgeschriebenen vierwöchigen Zustellungsfrist beigetreten sind. In der Literatur ist es sehr strittig, wie hier dann das geringste Gebot zu berechnen ist.

Nach der einen Auffassung hat der Beitritt des Miteigentümers gemäß § 182 Absatz 1 ZVG. ein geringstes Gebot zur Folge, in dem auch die seinen Anteil belastenden oder mitbelastenden Rechte und die diesen Rechten vorangehenden oder gleichstehenden Rechte berücksichtigt werden müssen. Das geringste Gebot wird infolge des Beitritts, was die bestehenbleibenden Rechte anbelangt, hier also höher[37]). Nach der zweiten Auffassung ist für den Anteil eines jeden betreibenden Miteigentümers das geringste Gebot gesondert zu berechnen und dasjenige Mindestgebot dann maßgebend, welches das niedrigste ist[38]). Noch eine dritte Meinung wird vertreten, die dahingeht, daß nur die die Anteile beider Miteigentümer ergreifenden Gesamtbelastungen und die letzteren vorgehenden oder gleichstehenden Einzelbelastungen im geringsten Gebot berücksichtigt werden[39]). Wenn in den drei Ansichten über den Beitritt gesprochen ist, so ist meines Erachtens auch darin der Fall enthalten, daß mehrere Miteigentümer von Anfang an zum Zwecke der Gemeinschaftsaufhebung den Zwangsversteigerungsantrag gestellt haben.

Der ersten Ansicht kann entgegengehalten werden, daß jeder Miteigentümer durch Belastung seines Anteils über den Wert die Aufhebung der Gemeinschaft verhindern könnte, weil er dadurch das geringste Gebot so in die Höhe treiben kann, daß eine Versteigerung unmöglich wird[40]). Die Voraussetzung, auf welcher die zweite Meinung beruht, nämlich das Bestehen eines Rangverhältnisses zwischen den Rechten der Miteigentümer auf Aufhebung der Gemeinschaft, trifft nicht zu, denn genau so, wie zwischen Rechten, die verschiedene Bruchteile für sich belasten, kein Rangverhältnis besteht, ist ein solches Verhältnis zwischen den erwähnten Rechten der Miteigentümer auch nicht vor-

[36]) Die Feststellung des Ausgleichungsbetrages kann oft recht komplizierte Fälle zur Folge haben. Näheres hierüber ist aus den Beispielen und eingehenden Ausführungen von Jaeckel-Güthe § 182 Anm. 3, Wolff ZVG. § 182 Anm. 1, Fischer-Schaefer § 182 Anm. 1—3, Reinhard-Müller § 182 Anm. II, Betzinger-Mainhard § 182 Anm. III, v. d. Pfordten § 182 Anm. 2, Wilhelmi-Vogel § 182 Anm. 3, Meyer-Zöller S. 54/56 und Brand-Baur S. 523 zu entnehmen.

[37]) Jaeckel-Güthe § 182 Anm. 6; Wolff ZVG. § 182 Anm. 2; Brand-Baur S. 524; Lupprian § 182 Anm. 4; Wilhelmi-Vogel § 182 Anm. 4; Betzinger-Mainhard § 182 Anm. II und Günther § 182 S. 72.

[38]) Reinhard-Müller § 182 Anm. III, 3—4; Kretzschmar Einf. S. 177.

[39]) Fischer-Schaefer § 182 Anm. 5 und die daselbst herbeigezogene Literatur.

[40]) Fischer-Schaefer § 182 Anm. 5.

handen (§§ 747, 749 BGB.). Von einer analogen Anwendung des § 44 Absatz 2 ZVG. kann also nicht die Rede sein.

Die dritte Meinung ist meines Erachtens die richtige, und zwar aus folgenden Gründen: Nach § 27 Absatz 2 ZVG. haben die Miteigentümer gleiche Rechte. Man kann also nicht von verschiedenen Standpunkten des einen oder anderen Miteigentümers das geringste Gebot aufstellen, sondern es muß hierbei die Rechtslage beider zum Ausgangspunkte genommen werden. Danach kann jeder Miteigentümer verlangen, daß nur diejenigen Rechte in das geringste Gebot aufzunehmen sind, die seinen Anteil belasten, beziehungsweise mitbelasten und einem solchen Rechte vorgehen oder gleichstehen. Mit anderen Worten: die Einzelbelastungen des einen Antragstellers können einem anderen Antragsteller bei der Durchführung des aus seinem Miteigentum entstehenden Verkaufsrechtes nicht hinderlich sein und umgekehrt. Es findet also ein gegenseitiges Anerkennen der Interessen der betreibenden Miteigentümer statt, wenn in dem geringsten Gebot nur diejenigen Rechte berücksichtigt werden, die sich auf den Anteilen aller betreibenden Miteigentümer als Gesamtbelastung befinden und einem dieser Rechte vorgehen oder gleichstehen. Eine aus ungleichen Anteilhypotheken hervorgehende Benachteiligung der Miteigentümer wird gemäß § 182 Absatz 2 ZVG. durch die Erhöhung des geringsten Gebotes ausgeglichen.

Nun kann der zum Ausdruck gebrachten Ansicht mit Recht entgegengehalten werden, daß den Miteigentümern die Möglichkeit gegeben wird, ein nur mit Anteilshypotheken belastetes Grundstück lastenfrei zur Versteigerung zu bringen. Diesem Einwande kann man aber dadurch begegnen, indem man sagt, daß der Anspruch des Miteigentümers auf Aufhebung der Gemeinschaft schon zur Zeit der Bestellung einer Hypothek auf einem Grundstücksanteile besteht, also älter ist als der Anspruch aus der Hypothek. Die Zwangsversteigerung zum Zwecke der Aufhebung der Gemeinschaft erfolgt daher in erster Linie im Interesse der Miteigentümer. Auch für diesen Fall dürfte eine Ergänzung des Gesetzes angebracht sein, und zwar dahingehend, daß beim Vorliegen mehrerer Anträge auf Aufhebung der Gemeinschaft in das geringste Gebot die die Anteile der betreibenden Miteigentümer ergreifenden Gesamtbelastungen und die letzteren vorgehenden oder gleichstehenden Einzelbelastungen fallen.

Zur Erläuterung meiner Ansicht mögen in unserem Streitfalle folgende Beispiele dienen:

Ein Grundstück gehört dem A und dem B zu gleichen Teilen. Es sind belastet die Anteile des

	A	und	B
an 1. Stelle mit	30 000 DM		
an 2. Stelle mit			60 000 DM
an 3. Stelle mit	80 000 DM		
an 4. Stelle mit			40 000 DM

Betreibt A das Verfahren, dann kommen die Posten 1 und 3 in das geringste Gebot. Tritt B dem Verfahren bei, so schließt dieser die Berücksichtigung der genannten Posten aus, und es ist keines der vier Rechte zu berücksichtigen.

Sind dieselben Anteile

	A	und	B
belastet			
an 1. Stelle mit	30 000 DM		
an 2. Stelle mit			120 000 DM

an 3. Stelle mit	30 000 DM	
an 4. Stelle mit	20 000 DM———————	20 000 DM
	Gesamthypothek	
an 5. Stelle mit	30 000 DM	
an 6. Stelle mit		40 000 DM

und betreibt A das Verfahren, so kommen, wie oben näher ausgeführt, die Posten 1—5 in das geringste Gebot. Tritt B dem Verfahren bei, so sind bei der Aufstellung des geringsten Gebotes nur die Rechte zu berücksichtigen, die auf beiden Anteilen korrealiter lasten (Posten 4) und diesem Rechte vorgehen (Posten 1—3), hier also im ganzen die Posten 1—4. Außer den Kosten des Verfahrens erhöht sich das geringste Gebot noch um den auf dem Anteile des A entstehenden Ausgleichungsbetrag von 60 000 DM.

Beim Zusammentreffen mit einer Schuldzwangsversteigerung

Ein Vollstreckungsgläubiger (hierunter verstehe ich nicht einen Pfandgläubiger gemäß §§ 751, 2044 BGB.) kann wegen seiner Forderung dem Verfahren auf Aufhebung der Gemeinschaft nicht beitreten. In diesem Falle läuft nebenbei noch ein besonderes Schuldzwangsversteigerungsverfahren. Dieses hält das Verfahren zum Zwecke der Aufhebung der Gemeinschaft und somit auch dessen Aufstellung des geringsten Gebotes nicht auf. Führt die Schuldzwangsversteigerung zuerst zum Zuschlage, dann verliert der Antragsteller der Teilungsversteigerung seine Antragsberechtigung, weil das Eigentumsrecht des Erstehers dem Antrag auf Teilung nicht mehr unterliegt. Nach seiner Eintragung im Grundbuche muß daher gemäß § 28 ZVG. das Teilungsversteigerungsverfahren von Amts wegen aufgehoben werden. Wird aber das Grundstück auf Grund des Antrages auf Aufhebung der Gemeinschaft zuerst zugeschlagen, dann bleibt das Recht auf Ausübung des Schuldzwangsversteigerungsverfahrens, im Grundbuche ausgedrückt durch den diesbezüglichen Zwangsversteigerungsvermerk, bestehen. Der Ersteher erwirbt dann das Eigentum mit dieser Beschränkung. Handelt es sich bei der Schuldzwangsversteigerung nur um einen Anteil am Grundstücke, dann findet das Gesagte gleichfalls Anwendung, nur wird, wenn die Schuldzwangsversteigerung zuerst zum Zuschlage gelangt, die Teilungsversteigerung nicht aufgehoben. Für den bisherigen Anteilseigentümer tritt dann der Ersteher in die Teilungsversteigerung ein. Voraussetzung dieses Eintritts ist aber die Anmeldung des Eigentumsrechtes des Erstehers oder die Tatsache, daß dieses Recht aus der vorzulegenden Grundbuchabschrift ersichtlich ist[41]). Das Zusammentreffen von Schuldzwangs- und Teilungsversteigerung in dieser Arbeit noch umfangreicher zu besprechen, würde zu weit führen.

Was die Hypothek betrifft, so wird diese bei der Aufstellung des geringsten Gebotes in den beiden genannten Verfahren verschieden behandelt. Im Schuldzwangsversteigerungsverfahren kommen hierfür die allgemeinen Vorschriften (§§ 44, 45, 47, 48, 52, 59, 63, 64 ZVG.) zur Anwendung. Im Verfahren zur Aufhebung der Gemeinschaft ist neben diesen allgemeinen Vorschriften (mit Ausschluß von § 44 ZVG.) noch der § 182 ZVG. von wichtiger Bedeutung.

---

41) Jaeckel-Güthe § 180 Anm. 16, 17; vergl. Reinhard-Müller § 180 Anm. IV und Wilhelmi-Vogel § 180 Anm. 10, nach denen in bestimmten Fällen beide Verfahren miteinander zu verbinden und gemeinsam durchzuführen sind.

V. Anwendung des Lastenausgleichsgesetzes

In den vorangegangenen Ausführungen wurden die rechtlichen Beziehungen zwischen den Grundpfandrechten und dem geringsten Gebot besonders unter Zugrundelegung der Bestimmungen des Bürgerlichen Rechts und des Zwangsversteigerungsgesetzes behandelt. Es ist aber noch notwendig geworden, die Bestimmungen des Lastenausgleichsgesetzes — im folgenden auch mit LAG. bezeichnet —, das inzwischen für das Bundesgebiet unter dem 14. 8. 1952[1]) und in Westberlin unter dem 1. 10. 1952[2]) erlassen wurde, in die Behandlung des Themas einzubeziehen. Hierfür sind wiederum die Fragen zu erörtern, wie die in der Bundesrepublik durch das sogenannte Hypothekensicherungsgesetz vom 2. 9. 1948[3]) geschaffene „Umstellungsgrundschuld" und die für Westberlin durch das Grundpfandrechtumstellungsgesetz vom 9. 1. 1951/15. 1. 1953[4]) geschaffene Aufbaugrundschuld im Zusammenhang mit der durch das LAG. als öffentliche Last gebildeten Hypothekengewinnabgabeschuld im allgemeinen und im besonderen in Hinsicht auf das geringste Gebot der Grundstückszwangsversteigerung zu behandeln sind.

Ehe auf diese Fragen eingegangen wird, ist es zum besseren Verständnis erforderlich, zunächst etwas über die Begriffe „Umstellungsgrundschuld" und „Aufbaugrundschuld" und dann kurz etwas über die einzelnen, für die Behandlung des Themas in Betracht kommenden Paragraphen des LAG. zu sagen. Hierbei ist wiederum zweckmäßig, erst das zu schildern, was für das Bundesgebiet gilt, und im Anschluß daran, inwieweit sich die Verhältnisse in Westberlin abweichend beziehungsweise ergänzend gestalten[5]).

Regelung im Bundesgebiet

Über die Umstellungsgrundschuld

Nach § 1 des Hypothekensicherungsgesetzes waren zur Sicherstellung etwaiger Ansprüche aus Schuldnergewinnen für die Berücksichtigung des Lastenausgleiches zugunsten der öffentlichen Hand „im Range unmittelbar nach Hypotheken-, Grund- und Rentenschulden, die auf Grund des § 16 des im Jahre 1948 erlassenen Umstellungsgesetzes[6]) umgestellt worden sind", Umstellungsgrundschulden in Höhe der Differenz zwischen

---

[1]) BGBl. S. 446.

[2]) GVBl. Berlin I S. 785.

[3]) Gesetz zur Sicherung von Forderungen für den Lastenausgleich, WiGBl. 1948 S. 87.

[4]) Gesetz über die Umstellung von Grundpfandrechten und über Aufbaugrundschulden, VOBl. Berlin I S. 71, GVBl. Berlin I S. 61; Neufassung GVBl. Berlin I S. 63.

[5]) Den Ausführungen lag folgende Literatur „über die Hypothekengewinnabgabe" zugrunde: Ehring LAG. S. 49/56, Surén HuW. Sonderheft, Bruhn Rpfl. 1952 Heft 11 S. 524-530.

[6]) Drittes Gesetz zur Neuordnung des Geldwesens (für die amerikanischen und britischen Kontrollgebiete Ges. Nr. 63 und für das französische Kontrollgebiet VO. Nr. 160 — abgedr. siehe auch Harmening-Duden S. 28/41, Harmening-Weber S. 304.

dem Nennbetrag in Reichsmark und dem Umstellungsbetrag in Deutscher Mark der Bank deutscher Länder entstanden[7]).

Beispiel: Eine Hypothek war in Höhe von 10 000 Reichsmark im Grundbuch eingetragen. Der Umstellungsbetrag beträgt $^1/_{10}$ von 10 000 = 1000 Deutsche Mark der Bank deutscher Länder. In Höhe von 9000 Deutsche Mark der Bank deutscher Länder war eine Umstellungsgrundschuld entstanden.

Eine solche Umstellungsgrundschuld stellte aber nicht eine öffentliche Last dar, sondern eine privatrechtliche Grundschuld wie alle anderen Grundschulden des Bürgerlichen Rechts auch. Sie war genau so zu verzinsen und zu amortisieren wie das ursprünglich in Reichsmark eingetragene, dann auf Deutsche Mark umgestellte Recht, aus dem sie entstanden ist. Ihren Rang erhielt die Umstellungsgrundschuld unmittelbar hinter „ihrem" Recht, aus dem sie hervorgegangen war. Es wurden also die alten eingetragenen Hypotheken, Grund- und Rentenschulden durchsetzt mit den Umstellungsgrundschulden, indem hinter jedem auf Grund des § 16 des Umstellungsgesetzes auf Deutsche Mark umgestellten Recht eine Umstellungsgrundschuld eingeordnet wurde. Aus diesem „Zebrasystem", wie es anschaulich bezeichnet wurde, hatten sich viele Schwierigkeiten ergeben. Die automatische Entstehung der Umstellungsgrundschulden hatte zur Folge, daß für sie der öffentliche Glaube des Grundbuchs entfiel. Sie entstanden und äußerten Wirkungen Dritten gegenüber ohne Eintragung im Grundbuch.

Über die Hypothekengewinnabgabe

Die Hypothekengewinnabgabe ist im Lastenausgleichsgesetz verankert. Sie wird abgeschöpft aus den Schuldnergewinnen (§ 91 Absatz 1 LAG.), und zwar mit Wirkung vom 21. 6. 1948 (§ 102 LAG.). Solche Schuldnergewinne gelten gemäß § 91 LAG. in zwei Fällen als entstanden:

a) dann, wenn Verbindlichkeiten in Reichsmark umgestellt sind, die am 20. 6. 1948 durch Grundpfandrechte an einem Grundstück des Schuldners gesichert waren,

b) dann, wenn Grundpfandrechte umgestellt wurden, die am 20. 6. 1948 nicht der Sicherung einer persönlichen Forderung dienten.

Im Falle a) ergibt sich also die Gewinnabgabe nicht aus der Umstellung des Grundpfandrechtes, sondern aus derjenigen der gesicherten Verbindlichkeit (§ 99 Absatz 1 LAG.). Wenn zum Beispiel die persönliche Forderung im Verhältnis 10 : 1 umgestellt ist, das sie sichernde Grundpfandrecht aber 1 : 1, so war zwar eine Umstellungsgrundschuld nicht entstanden, wohl aber ist die Gewinnabgabepflicht eingetreten[8]). Im Fall b) sind Grund- und Rentenschulden erfaßt, welchem eine persönliche Verbindlichkeit und also auch ein persönlicher Schuldner fehlt. Diese Regelung hat die Regierungsvorlage damit begründet, daß trotz Fehlens des persönlichen Schuldners, wirtschaftlich gesehen, ein Schuldnergewinn vorliege, weil der Eigentümer des belasteten Grundstücks als „dinglicher Schuldner" durch die Herabsetzung der Grundstücksbelastung einen wirtschaftlichen Vorteil habe[9]).

---

[7]) Durch das Lastenausgleichsgesetz sind diese Umstellungsgrundschulden, wie auf S. 69 noch ausgeführt wird, wieder erloschen.

[8]) Siehe S. 85 Beisp. 5.

[9]) Begründung der Regierungsvorlage zu § 91 Absatz 1 LAG. (Surén HuW. Sonderheft S. 75).

Voraussetzung für die Hypothekengewinnabgabe ist die Umstellung im Verhältnis 10 : 1. Ist die Umstellung höher, so entfällt die Hypothekengewinnabgabe. Weitere Bedingungen für das Entstehen einer Hypothekengewinnabgabe sind, wie gleichfalls aus § 91 LAG. hervorgeht, daß der Eigentümer und der persönliche Schuldner der gesicherten Verbindlichkeit eine und dieselbe Person sein müssen und die Grundpfandrechte nicht für Verbindlichkeiten zwangsweise bestellt waren (§ 97 Absatz 1 Nummer 9 LAG.). Die Erfüllung dieser Voraussetzung wird selbstverständlich für Grund- und Rentenschulden nicht verlangt, da in solchen Fällen ein persönlicher Schuldner fehlt und der Grundstückseigentümer als dinglicher Schuldner der einzige ist. Die Frage, ob der Eigentümer des belasteten Grundstücks und der persönliche Schuldner als personengleich anzusehen sind, ist nicht so sehr nach rechtlichen als nach wirtschaftlichen Gesichtspunkten zu entscheiden[10]).

Es würde über den Rahmen der Arbeit gehen, auf die sonst noch sehr vielgestaltigen Einzelheiten über die Berechnung, Minderung und Herabsetzung der Hypothekengewinnabgabe einzugehen; so kommen hierfür besonders die §§ 91, 100, 101, 103, 104 LAG. in Betracht.

Eine völlige Freistellung von der Hypothekengewinnabgabe, die für die Feststellung des geringsten Gebotes von Bedeutung sein kann, gesteht das Lastenausgleichsgesetz bestimmten Verbindlichkeiten zu. Von diesen sollen hier nur die wichtigsten genannt werden: Verbindlichkeiten zur Sicherung von öffentlichen Abgaben, wie Gebühren, Steuern, Strafen (§ 97 Absatz 1 Nummer 3 LAG.)[11]), ferner solche, die im Wege der Zwangsvollstreckung oder Arrestvollziehung dinglich gesichert worden sind (§ 97 Absatz 1 Nummer 9 LAG.), Verbindlichkeiten zwischen Personen, bei denen eine Zusammenveranlagung zur Vermögensteuer für das Kalenderjahr 1949 möglich war, also zwischen Eheleuten oder zwischen Eltern und Kindern, wenn für die Ehefrau oder die Kinder Hypotheken am Grundstück des Ehemannes, beziehungsweise des Vaters eingetragen waren (§ 97 Absatz 1 Nummer 8 LAG.)[12]). Schließlich genießen auch Verbindlichkeiten, die zur Beseitigung eines Kriegsschadens an dem belasteten Grundstück eingegangen sind, Befreiung von der Abgabepflicht, soweit der Gegenwert noch vor dem 21. 6. 1948 zur Beseitigung des Kriegsschadens verwandt worden ist (§ 97 Absatz 1 Nummer 7 LAG.)[13]).

Das Verfahren bei der Hypothekengewinnabgabe gestaltet sich wie folgt:

Bei jeder Verbindlichkeit, für welche die Abgabepflicht besteht, wird die Höhe der letzteren unter Berücksichtigung des Betrages der Verbindlichkeit und deren Zinsen und Tilgungen berechnet. In den Grundbüchern sind noch Zinssätze eingetragen, welche durch die früheren Zinssenkungsaktionen überholt sind. Die Gläubiger der Stammrechte oder der Schuldner werden Auskunft geben können. Die errechneten Hypothekengewinnabgabeschulden sind mit einer Zins- und Tilgungspflicht versehen, auch wenn sie aus Fälligkeitshypotheken begründet sind (§ 106 LAG.). Entscheidend für den Ansatz der Zins- und Tilgungssätze ist der § 108 LAG. neben dem praktisch sehr bedeutsamen § 106 Abs. 4 LAG. Die Zinsen und Amortisationen sind seit Entstehung der Abgabe-

---

[10]) Ehring LAG. S. 50.

[11]) Siehe S. 83 Beisp. 3.

[12]) Siehe S. 83 Beisp. 4.

[13]) Siehe S. 83 Beisp. 3.

schuld, also vom 21. 6. 1948 ab, zu zahlen. Die Festsetzung der Abgabe liegt dem Finanzamt ob.

Beziehungen zwischen der Hypothekengewinnabgabeschuld und der Umstellungsgrundschuld — Dauer der letzteren

Da entgegen der ursprünglichen Erwartung im LAG. die Hypothekengewinnabgabe als eine von der Umstellungsgrundschuld unabhängige öffentliche Last konstruiert worden ist, erloschen mit dem Inkrafttreten des LAG., soweit Abgabeschulden entstanden sind, die Umstellungsgrundschulden, es sei denn, daß sie im Falle des § 119 LAG. weiteren Bestand hatten oder noch vor dem Inkrafttreten des LAG. auf den Eigentümer übergegangen waren (§ 120 LAG.). Der mit den Umstellungsgrundschulden verfolgte Zweck war erreicht, und sie wurden daher überflüssig. Die Abgabeschulden selbst entstanden als eine öffentliche Last — wie sie im folgenden auch kurz bezeichnet wird —, jedoch, und das ist im Vergleich zu den anderen öffentlichen Lasten (z. B. Grundsteuern und Straßenbaukosten) anders, mit der Maßgabe, daß der durch Rangrücktritt einer Umstellungsgrundschuld einem vorgetretenen Rechte eingeräumte Rang gewahrt wird (§ 120 Abs. 1 LAG.) und, wie noch ausgeführt wird, im Falle einer Zwangsversteigerung auch die auf Grund des Hypothekensicherungsgesetzes umgestellten Rechte ein Befriedigungsvorrecht vor der öffentlichen Last erhalten (§ 113 LAG.). Besonders bedeutungsvoll ist diese Regelung hinsichtlich des Ranges, wenn, wie gleichfalls noch geschildert wird, mehrere aus verschiedenen Rechten stammende Abgabeschulden zu einer einheitlichen Last mit einheitlichem Rang zusammengefaßt werden.

Bestimmungen im Lastenausgleichsgesetz über die Zwangsversteigerung

Über den Rang der Hypothekengewinnabgabe

Durch die erheblichen Beträge der Hypothekengewinnabgabe, die grundsätzlich als öffentliche Last in der Rangklasse 3 des § 10 ZVG. zu befriedigen sind, würden die nachstehenden Privatverbindlichkeiten bei einer Zwangsversteigerung schwer gefährdet sein. Deshalb sieht das LAG. in großzügiger Weise unter ausdrücklicher Wahrung des dem Zwangsversteigerungsgesetz zugrunde liegenden Deckungsgrundsatzes für die nachstehenden Rechte eine Vorzugsbefriedigung vor, und zwar wie folgt:

1. Nach § 113 Absatz 1 Satz 1 LAG. gehen der öffentlichen Last der Hypothekengewinnabgabe im Range vor: „Rechte, die vor oder im gleichen Range mit einer der Umstellungsgrundschulden, denen die öffentliche Last entspricht, zu befriedigen gewesen wären, wenn die Zwangsversteigerung vor dem Inkrafttreten dieses Gesetzes durchgeführt wäre." In der Zwangsversteigerung rangieren also nicht nur alle auf 10 : 1 umgestellten Verbindlichkeiten vor der Hypothekengewinnabgabeverpflichtung, sondern auch alle anderen Rechte, die vor der Wirksamkeit des LAG. bei einer etwaigen Zwangsversteigerung einen besseren oder gleichen Rang wie irgend ein anderes später umgestelltes Recht gehabt hätten. Unter dieser maßgeblichen Umstellungsgrundschuld ist die letztrangige zu verstehen. Somit ist für die öffentliche Last der Hypothekengewinnabgabe in der Zwangsversteigerung ein einheitlicher Rang bestimmt worden und — abgesehen von besonderen Fällen — ihre Befriedigung zwischen den privaten Lasten ausgeschaltet.

Eine Ausnahme von der vorzugsweisen Befriedigung ist für die Grundpfandrechte vorgesehen, die bei der Beschlagnahme des Grundstücks (§ 20 ZVG.)

a) entweder dem Eigentümer zustehen, also für Eigentümerpfandrechte[14]), oder

b) einer Person zustehen, für die nach § 11 des Vermögensteuergesetzes eine Gesamtveranlagungspflicht mit dem Eigentümer für das Kalenderjahr der Beschlagnahme besteht (§ 113 Absatz 1 Satz 2 LAG.)[15]).

In beiden Fällen entsteht keine Abgabeschuld, also auch keine öffentliche Last, und zwar im Falle zu a) gemäß § 99 LAG., da die Umstellung des Rechtes im Verhältnis von 1 : 1 erfolgt ist, und im Falle b) gemäß § 97 Nummer 8 LAG.

Handelt es sich bei den unter a) genannten Grundpfandrechten um eine Gemeinschaft nach Bruchteilen, so genießt nur der Grundstückseigentümer die bevorzugte Befriedigung hinsichtlich seines Anteiles nicht. Für die Befriedigung in der Zwangsversteigerung rangiert also die betreffende Post teilweise vor, teilweise nach der öffentlichen Last. Besteht jedoch eine Gemeinschaft zur gesamten Hand — die am häufigsten vorkommende ist die ungeteilte Erbengemeinschaft —, so ist das gesamte Recht voll bevorrechtigt, da die Gesamthandgemeinschaft als ein mit den einzelnen Gesamthändern nicht identischer Rechtsträger anzusprechen ist[16]).

Zu den unter a) genannten Eigentümergrundpfandrechten gehören auch solche Umstellungsgrundschulden, die vor dem Inkrafttreten des LAG. infolge von Tilgung oder auf Grund des Hypothekensicherungsgesetzes und seiner Durchführungsverordnungen durch Verzicht zu echten Eigentümergrundschulden geworden sind[17]).

Die Ausnahme von der bevorzugten Befriedigung der unter b) aufgeführten Personen betreffen vorübergehend getrennt lebende Eheleute beziehungsweise ihre Kinder im Alter bis zu 18 Jahren; sie ist nicht endgültig. Sind derartige, gesicherte Forderungen vor der Beschlagnahme des Grundstücks an eine nicht zur Familie gehörige Person zediert worden, so genießen sie wieder das Vorrecht, das ihrem Range entspricht. Anders ist es jedoch, wenn nur eine Verpfändung vorliegt, weil sich dadurch der eigentliche Gläubiger nicht geändert hat. Dasselbe ist der Fall, bei einer Pfändung oder Überweisung zur Einziehung. In diesen Fällen ruht also der Anspruch auf bevorzugte Befriedigung. Den Rangvorzug genießt das Recht aber dann, wenn es an Zahlungsstatt zum Nennwert überwiesen ist, denn dann ist gemäß § 835 Absatz 2 ZPO. der wahre Gläubiger der Pfändungsgläubiger geworden.

An der bevorzugten Befriedigung nehmen ferner nicht teil die Hypotheken, die erst nach dem 8. 5. 1945 entstanden sind. Aus ihnen erwuchs wohl eine Umstellungsgrundschuld gemäß § 101 LAG., aber es ist keine öffentliche Last entstanden (§§ 111 Absatz 1 Satz 2, 119 LAG.). Dieses ist auch der Fall bei den Hypotheken für öffentliche Abgaben, Gebühren usw.[18]), den Hypotheken für Verbindlichkeiten, die vor dem 21. 6. 1948 zur Beseitigung eines Kriegsschadens[19]) eingegangen und verwandt worden sind, und bei den Zwangs- und

[14]) u. [15]) Siehe S. 83 Beisp. 4.

[16]) Ehring LAG. S. 55.

[17]) Siehe S. 85 Beisp. 6.

[18]) u. [19]) Siehe S. 83 Beisp. 3.

Arresthypotheken. Für sie besteht gemäß § 97 Absatz 1 Nummer 3, 7 und 9 LAG. keine Abgabeschuld, also auch keine öffentliche Last.

2. Ebenso bevorrechtigt wie die in § 113 Absatz 1 LAG. genannten Rechte sind gemäß § 113 Absatz 4 LAG. alle beim Inkrafttreten des LAG. bestehenden Rechte, für die wohl keine Umstellungsgrundschuld entstanden war, aber eine Gewinnabgabepflicht gegeben ist. Dies ist der Fall bei Höchstbetragsverbindlichkeiten, wie bereits auf Seite 67 ausgeführt wurde[20]). Solche Abgabeschulden rangieren nach allen Rechten, die beim Inkrafttreten des LAG. entstanden sind. Bei dieser Regelung tritt wieder die ratio legis zutage, daß die sämtlichen Abgabeschulden eine einheitliche Last mit einheitlichem Range bilden sollen und insoweit das „Zebrasystem" nicht Platz greifen soll[21]).

3. Vorsorge für eine bevorzugte Befriedigung, also für eine solche vor der öffentlichen Last, kann gemäß § 116 LAG. getroffen werden zur Sicherung eines Kredits, welcher verwendet wird a) zur Errichtung von Neubauten, zum Wiederaufbau zerstörter Gebäude, zur Wiederherstellung beschädigter Gebäude, oder zum Ausbau oder der Erweiterung bestehender Gebäude oder b) zur Durchführung notwendiger, außerordentlicher Reparaturen an Gebäuden. Das Grundpfandrecht muß an dem Grundstück bestellt sein, an welchem die oben bezeichneten Arbeiten ausgeführt werden. Dieses Grundpfandrecht wird behandelt wie ein unter Punkt 1 genanntes Recht (§ 116 Absatz 1 LAG.)[22]). Geht dem so begünstigten Grundpfandrecht ein nicht bevorrechtigtes Recht vor, so nimmt das vorgehende Recht an dem Vorzug des begünstigten Rechts in dessen Umfang teil (§ 116 Absatz 4 LAG.). Das vorstehende Recht wird also nicht aus seinem Range verdrängt, sondern sogar noch besser behandelt; denn es rangiert nun vor der öffentlichen Last. Im § 116 Absatz 2 und 3 LAG. sind die Bedingungen angegeben, unter denen die Bewilligung erteilt werden kann[23]).

Zu besonderen Schwierigkeiten kann es bei der bevorzugten Befriedigung kommen, wenn eine Rangänderung von bevorrechtigten und nicht bevorrechtigten Rechten eingetreten ist. Hierbei ist die Frage von Bedeutung, ob das bevorrechtigte Recht bis zum Betrage der öffentlichen Last in deren Rang zu befriedigen ist und die öffentliche Last insoweit in dem ursprünglichen Range des bevorrechtigten Rechts zur Befriedigung gelangt (relatives Vorrecht) oder, ob das bevorrechtigte Recht nicht nur vor der öffentlichen Last, sondern auch vor allen der öffentlichen Last nachgehenden Rechten ohne Rücksicht darauf zu befriedigen ist, in welchem Rangverhältnis es zu diesen Rechten steht (absolutes Vorrecht).

Für den relativen Rang haben sich Mohrbutter[24]), Heseler[25]) und vor allem mit besonderer Begründung G. und D. Reinecke[26]) ausgesprochen. Letztere

---

[20]) Siehe auch Heseler S. 135; über eine wertbeständige Hypothek als Höchstbetragshypothek siehe OLG. Bremen Beschluß 9. 2. 1953, abgedr. NJW. 1953 S. 1025.

[21]) Siehe S. 85 Beisp. 5.

[22]) Der § 116 LAG. enthält, indem er für die Meliorationshypothek den Vorrang vor der Abgabeschuld vorsieht, alte Rechtsgedanken. Bereits in der alten preußischen Rechtsordnung, die bis etwa 1750 galt, herrschte das Prinzip vor, Darlehen, die zur Verbesserung eines Grundstückes dienten, zu privilegieren, indem sie früher entstandenen Ansprüchen von Hypothekengläubigern vorgingen, Eschwege S. 15 und 16 — Beispiel 7.

[23]) Siehe S. 89 Beisp. 9.

[24]) NJW. 1952 S. 1163.

[25]) S. 134.

[26]) NJW. 1953 S. 44/45.

stellen unter Anführung eines Beispiels mit zwei bevorrechtigten Rechten und einem dazwischen gelegenen gemäß § 113 Absatz 1 Satz 2 LAG. nicht bevorrechtigten Recht die Behauptung auf, daß dem letzteren wohl die öffentliche Last, aber nicht das dahinter folgende bevorrechtigte Recht vorgeht. Nach ihrer Ansicht wäre es schon schwer zu begründen, wenn die gesamte öffentliche Last dem nach § 113 Absatz 1 Satz 2 LAG. nicht bevorrechtigten Recht vorgehen soll, und es wäre daher unmöglich, zu rechtfertigen, daß diesem auch das ihm im Range (ursprünglich) nachgehende Recht vorgehen sollte. Dies würde einer Enteignung gleichkommen, die nach Artikel 14 des Grundgesetzes nur durch Gesetz oder auf Grund eines Gesetzes erfolgen dürfte, das Art und Ausmaß der Entschädigung festlegt. Im § 113 Absatz 2 LAG. sei auch nur das Rangverhältnis zwischen der öffentlichen Last und den bevorrechtigten Rechten, nicht aber die Rangverhältnisse zwischen den privat-rechtlichen geregelt.

Für den absoluten Rang, wonach also die nicht bevorrechtigten Hypotheken die Befriedigungsbefugnis sowohl nach der gesamten öffentlichen Last als auch nach den späteren Hypotheken, die ihrerseits auch der öffentlichen Last vorgehen, erhalten, setzen sich Ehring[27]) und Harmening-Weber[28]) ein. Ehring stützt seine Auffassung einmal darauf, daß durch § 113 Absatz 2 LAG. die Befriedigung der bevorrechtigten Rechte vor der öffentlichen Last in Anlehnung an die absoluten Rangverhältnisse des § 10 ZVG. geregelt sei. Er führt weiter aus, daß in § 113 Absatz 1 Satz 2 LAG. weder von einem Zurücktreten der öffentlichen Last noch davon die Rede ist, daß die Zwischenrechte unberücksichtigt bleiben. Er führt hierbei auch den § 116 Absatz 4 LAG.an, wonach das Vorrecht des § 113 LAG. auch neu bestellten Rechten eingeräumt wird, die zur Sicherung von Aufbaukrediten begründet werden. Auch weitere Schriftsteller und Kommentatoren haben sich in demselben Sinne geäußert.

Ich schließe mich der letzten Ansicht an. Es würde verfehlt sein, die Rangordnung des Grundbuches für die Vorrechte des Lastenausgleichsgesetzes anzuwenden. Durch die Vorrangsbestimmungen des LAG. soll ja gerade jene Rangordnung durchbrochen werden. § 113 LAG. spricht in der Überschrift lapidar und allgemein richtungweisend von „Vorhergehende Rechte in der Zwangsversteigerung"[29]) und nimmt hierbei, wie Ehring schon ausführt, auch auf § 10 ZVG. mit seinen in ihm enthaltenen klaren absoluten Rangverhältnissen Bezug[30]).

Das Prinzip der Absolutheit muß auch zur Anwendung kommen, wenn eine Rangänderung gemäß § 880 BGB. in der Weise erfolgt ist, daß ein Recht den Vorrang vor einer Post erhalten hat, aus der eine Umstellungsgrundschuld hervorgegangen ist. Das gleiche gilt für Rechte, die auf Grund des § 5 Absatz 2 b der 1. Durchführungsverordnung oder des § 2 der 2. Durchführungsverordnung zum Hypothekensicherungsgesetz[31]) einer Umstellungsgrundschuld vorhergehen. An dieser Rangfolge bei der Befriedigung wird auch nichts dadurch geändert, daß die Umstellungsgrundschuld mit dem Inkrafttreten des LAG. erloschen ist. Gemäß § 113 Absatz 1 LAG. kommt es nur auf den Rang an, den ein Recht bei der Befriedigung im Zwangsversteigerungsverfahren gehabt hätte, wenn die

[27]) LAG. S. 53—54.
[28]) S. 115—117.
[29]) So auch Bruhn Rpfl. 1952 S. 527.
[30]) Siehe S. 83 Beisp. 4.
[31]) Vom 7. 9. 1948, WiGBl. 1948 S. 88 bzw. vom 8. 8. 1949, WiGBl. 1949 S. 233.

Versteigerung vor dem Inkrafttreten des LAG. erfolgt wäre (§ 120 Absatz 1 Halbsatz 2 LAG.). Die Absolutheit geht sogar so weit, daß ein Recht mit Vorrang vor der Umstellungsgrundschuld oder der in Reichsmark valutierenden Post, aus der die Umstellungsgrundschuld entstanden ist, in voller Höhe den Befriedigungsvorrang genießt, auch wenn das Vorrangsrecht einen höheren Betrag aufweist als das zurücktretende Recht. Die sogenannten Zwischenrechte des § 880 Absatz 5 BGB., welche nach dieser Bestimmung durch die Rangänderung nicht berührt werden, genießen dieselbe Unantastbarkeit auch im LAG.[32])

Als Zwischenrechte können auch Eigentümergrundschulden vorhanden sein; entweder sind sie dann im Grundbuche eingetragen, oder sie ergeben sich aus der Befriedigung der Berechtigten, immer also bei Tilgungshypotheken. Ihnen hat § 113 LAG. das Vorrecht vor der Abgabeschuld nicht zugestanden. Somit ergibt sich:

a) Eine Eigentümergrundschuld kann den Rang vor einem auf 10 : 1 umgestellten Rechte haben.

b) Die Abgabeschuld hat den Rang hinter den 10 : 1 umgestellten Rechten, aber den vor der Eigentümergrundschuld.

Damit ist ein Rangrecht geschaffen worden, das auszulegen bleibt. Hier sei daran erinnert, daß anfänglich auch bei § 881 BGB. ein starrer Rang gesehen wurde und daß erst die Erwägung, wie zwei Gläubigern mit ihren konkurrierenden Ansprüchen an den gemeinsamen Schuldner die größte Gerechtigkeit widerfahren könnte, die Relativität geschaffen hat. Bei Anwendung des relativen Ranges hätte immer nur die Abgabeschuld den eventuellen Nachteil, also gerade das Recht, welchem das Gesetz den Vorrang vor der Eigentümergrundschuld verschaffen wollte. Hier liegt auch keine Forderung eines Dritten gegen den Eigentümer vor, es würden also nicht zwei Forderungen miteinander konkurrieren, sondern nur ein Recht des Schuldners mit einem Anspruch eines Gläubigers. Für die Praxis sollte daher in Anwendung des § 880 BGB. immer nur ein Rang der Eigentümergrundschuld nach der Abgabeschuld gesehen werden. Zwischengläubiger werden davon nicht betroffen, das Ergebnis erscheint daher richtiger[33]).

Die Vorrechte aus den §§ 113 bis 116 LAG. können, wenn das Finanzamt einwilligt, im Grundbuch eingetragen werden[34]). Sie nehmen dann an dem öffentlichen Glauben des Grundbuchs teil (§ 117 LAG.). Ist ein Befriedigungsvorrecht zu Unrecht im Grundbuch eingetragen, so erwirbt also der gutgläubige Erwerber kraft des öffentlichen Glaubens des Gundbuchs (§ 892 BGB.) den Befriedigungsvorrang. Ob ein Recht der öffentlichen Last vorgeht, unterliegt gemäß § 113 Absatz 3 LAG. der Entscheidung der ordentlichen Gerichte. Diese werden also auch bei einer Beschwerde tätig, die sich gegen den Zuschlag mit der Begründung richtet, daß das geringste Gebot hinsichtlich des Befriedigungsvorrangs des LAG. unrichtig festgestellt sei.

---

[32]) Ehring LAG. S. 54, Harmening-Weber S. 115/117.

[33]) Siehe S. 83 Beisp. 4.

[34]) In der AVdBJ.Min. vom 24. 11. 1952/5. 12. 1952 (3850/5 — 15132/15371/52) sind für die Grundbuchvermerke des Bundesgebiets Muster gegeben; desgl. für Westberlin in der AV. des Senators für Justiz vom 5. 5. 1953 (7205 — III/F. 4. 52 Bd. III), abgedr. ABl. für Berlin S. 465.

Das geringste Gebot

Über die Berücksichtigung der Grundpfandrechte bei der unter gleichzeitiger Anwendung des Lastenausgleichsgesetzes zu erfolgenden Feststellung des geringsten Gebots ist zunächst folgendes zu sagen:

1. Abweichend von der Bestimmung über die öffentliche Last im ZVG. ist nach § 112 Absatz 3 LAG. bei Feststellung des geringsten Gebotes die Abgabeschuld, soweit sie noch nicht fällig ist, auch zu berücksichtigen, wenn fällige Abgabeleistungen in das geringste Gebot nicht aufzunehmen sind. Die öffentliche Last für die im Zeitpunkt des Zuschlages noch nicht fälligen Abgabeleistungen bleibt jedoch bestehen, auch wenn diese Leistungen bei der Feststellung des geringsten Gebotes nicht berücksichtigt sind.
2. Kommt es im Versteigerungstermin nicht zu einem Gebot, das alle der öffentlichen Last nach § 113 Absatz 1 und 2 LAG. vorgehenden Rechte befriedigt, so muß gemäß § 113 Absatz 3 LAG. auf Antrag eines, wie erwähnt, bevorrechtigten Gläubigers das Gericht einen neuen Versteigerungstermin anberaumen[35]). Ist das Ergebnis wieder negativ, so muß die öffentliche Last für die noch nicht fälligen Abgabeschulden aus dem geringsten Gebot ausgeschieden werden und bleibt die Erteilung des Zuschlages nur insoweit bestehen, als das Meistgebot nach Befriedigung der durch Zahlung zu deckenden vorgehenden Rechte ihren Wert deckt. Im übrigen erlischt die öffentliche Last. Nach dem für entsprechend anwendbar erklärten § 91 Absatz 3 ZVG. ist die bestehenbleibende Last nicht in bar zu entrichten. Beim Erlöschen der öffentlichen Last werden die Abgabeschulden in demselben Verhältnis gemindert. Dadurch wird die Laufzeit der darauf zu bewirkenden Leistungen entsprechend abgekürzt. Erlischt die öffentliche Last ganz und gar, so kommen auch die betreffenden Leistungen in Wegfall.

Zur Erläuterung der schwer verständlichen Bestimmung, daß die Abgabeschuld nach § 113 LAG. den Rang hinter den auf Deutsche Mark umgestellten Rechten haben soll und unter Umständen den Rang hinter dem betreibenden Gläubiger hat, also nach den Grundsätzen der Zwangsversteigerung nicht bestehenbleibt, hier aber doch bestehenbleiben soll, mögen zwei schon früher ergangene Gesetze dienen. § 9 des Einführungsgesetzes zum Gesetz über die Zwangsversteigerung und Zwangsverwaltung[36]) ermöglicht nach Landesrecht das Bestehenbleiben von bestimmten Rechten, auch wenn sie bei der Feststellung des geringsten Gebots nicht zu berücksichtigen sind, sieht aber auf Antrag eines Berechtigten, der dadurch benachteiligt werden könnte, auch ein Ausgebot ohne Bestehenbleiben dieses Rechtes vor. Der ehemalige Staat Preußen hat im Artikel 6 des Ausführungsgesetzes zum Gesetz über die Zwangsversteigerung und Zwangsverwaltung[37]) davon Gebrauch gemacht.

Beispiel: Im Range nacheinander sind im Grundbuch eingetragen die Gläubiger A, B und C und rangletzt ein Altenteil. B betreibt die Versteigerung. Das Recht des A geht dem Recht des B vor, bleibt mithin als Teil des geringsten Gebots gemäß den Versteigerungsbedingungen bestehen.

---

[35]) Ein Antrag ist auch dann gegeben, wenn überhaupt kein Gebot abgegeben wird: Oberhoffer NJW. 1953 S. 534, Harmening-Weber § 113 B 1 Anm. 19.

[36]) In der Fassung der Bek. vom 20. 5. 1898 (RGBl. S. 750).

[37]) Vom 23. 9. 1899 (PrGesS. 1899 S. 291).

Das Altenteil aber bleibt auf Grund des Ausführungsgesetzes auch bestehen, jedoch nicht als Teil des geringsten Gebots, sondern neben diesem. Die laufenden Leistungen aus dem Altenteil haben trotzdem keinen Rang vor den Rechten der Gläubiger B und C, sondern behalten ihren Rang hinter ihnen.

Wie in dem bezeichneten Gesetz hängt ebenfalls ein anderes Ausgebot gemäß § 113 Absatz 3 LAG. von einem Antrage ab. Die bereits vorhandenen Gesetze haben offenbar bei der Abfassung des LAG. ihren Einfluß ausgeübt.

Bleibt das Altenteil nicht bestehen, so erhält der Berechtigte an Stelle eines Kapitals eine Vierteljahresrente aus einem dafür bestimmten Deckungskapital, das sich nach dem Jahresbetrag und der wahrscheinlichen Lebensdauer richtet. Dieses Kapital wird nur selten in der benötigten Höhe vorhanden sein. Die Rente wird aber nicht entsprechend gekürzt, das Kapital wird mithin frühzeitig verbraucht sein. Diese Erwähnung geschieht, weil, wenn die sonstigen bereits vorhandenen Gedankengänge für das LAG. absichtlich verwendet worden sind, sich ein Schluß daraus ziehen läßt, welche laufenden Beträge aus der Abgabeschuld der Ersteher dann entrichten soll, wenn die Abgabeschuld zum Teil gemäß § 113 Absatz 3 LAG. erlischt.

Wie schon gesagt, erfolgt die Festsetzung der Abgabeschuld durch das Finanzamt. Das Versteigerungsgericht hat hierauf keinen Einfluß, kann die Entscheidung auch nicht vorwegnehmen. Ist die Abgabeschuld noch nicht festgesetzt, so fehlen die Voraussetzungen für die Versteigerungsbedingungen. Für eine vorübergehende Zeit, nämlich solange an Stelle des endgültigen Abgabebescheides des Finanzamts nur ein vorläufiger Bescheid vorliegt und ein Grundstück trotzdem versteigert werden soll, kann sich eine Nachzahlungspflicht des Erstehers gemäß §§ 50, 51 ZVG. ergeben[38]).

Wird nun das Verfahren von einem Gläubiger betrieben, dessen Anspruch allen ehemaligen Reichsmarkrechten und damit der gesamten Abgabeschuld nachgeht, also insbesondere aus einem Rechte nach der Währungsreform, so sind die Versteigerungsbedingungen die üblichen: auch die Abgabeschuld bleibt als Teil des geringsten Gebotes bestehen. Ihre wiederkehrenden Leistungen kommen in das geringste Gebot[39]).

Anders liegt es, wenn das Verfahren betrieben wird aus einem Anspruche, hinter dem bei der Umstellung der Reichsmarkrechte Umstellungsgrundschulden entstanden waren und jetzt Abgabeschulden entstehen. Nach § 111 LAG. werden die Abgabeschulden zu einer einheitlichen Last gemacht. In diesem Sinne spricht § 113 Absatz 1 LAG. von der öffentlichen Last, so daß also der Abgabeschuld jedes Recht vorgeht, welches früher den Rang vor einem Teile der jetzt einheitlichen Abgabeschuld oder gleichen Rang mit ihr hatte, mit andern Worten: die gesamte Abgabeschuld hat den Rang der früheren rangletzten Umstellungsgrundschuld. Trotz des Nachranges muß aber die Abgabeschuld, wie schon gesagt, gemäß § 112 Absatz 3 LAG. zunächst bestehenbleiben. Die Abgabeschuld bleibt neben dem geringsten Gebot bestehen, wiederkehrende Leistungen sind an das geringste Gebot nicht aufzunehmen[40]). Der Wortlaut und der Sinn von § 112 Absatz 3 LAG. sind damit erfüllt.

---

[38]) OLG. Frankfurt/Main — Beschluß 25. 6. 1953, abgedr. Rpfl. 1953 S. 462.

[39]) Siehe S. 82, 90 Beisp. 2, 10.

[40]) Siehe die Beispiele S. 80—93 mit Ausnahme von 2 und 10.

Erst im zweiten Termin (§ 113 Absatz 3 LAG.) kann das Grundstück ohne Bestehenbleiben der Abgabeschuld ausgeboten werden. In diesem Fall wird die Aufnahme folgenden Wortlauts im Zuschlagsbeschluß für erforderlich gehalten:

„Die Abgabeschuld mit .... DM bleibt nur insoweit bestehen, als das Meistgebot nach Befriedigung der vorangehenden Rechte ihren Wert deckt. Im übrigen ist sie erloschen. Die Feststellung des bestehengebliebenen Teiles bleibt dem Verteilungsverfahren vorbehalten."

Ist die Abgabeschuld als Teil des geringsten Gebots bestehengeblieben, so ist die Befriedigung der einzelnen Berechtigten aus dem Barerlöse auch hier die übliche mit der Ausnahme, daß die wiederkehrenden Leistungen aus der Abgabeschuld erst nach den laufenden Leistungen der ehemaligen Reichsmarkrechte zur Hebung kommen. Eine praktische Bedeutung hat dies nur, falls der Ersteher sein Bargebot schuldig bleibt.

Ist die Abgabeschuld neben dem geringsten Gebot bestehengeblieben, so können die wiederkehrenden Leistungen aus ihr erst zur Hebung kommen, wenn die tatsächlich vorgehenden Rechte befriedigt sind. Es ist also denkbar, daß in diesem Falle auf die wiederkehrenden Leistungen nichts entfällt.

Ist die Abgabeschuld nur insoweit bestehengeblieben, als das Bargebot ihren Wert deckt, so werden nach Befriedigung der vorgehenden Rechte zunächst die wiederkehrenden Leistungen nach Möglichkeit ausgezahlt. Der dann verbleibende Rest ist vom Ersteher nicht zu entrichten. An Stelle der Zahlung bleibt die Abgabeschuld im gleichen Betrage bestehen. Es wird somit erforderlich, den bestehenbleibenden Teil auf die einzelnen Teile der gesamten Abgabeschuld verhältnismäßig zu verteilen.

Damit entsteht wiederum die Frage, welche wiederkehrenden Leistungen der Ersteher für den bestehengebliebenen Betrag entrichten soll, also Zinsen und so weiter berechnet nach diesem Betrage oder nach dem ursprünglichen Betrage. Das Gesetz enthält hierüber nichts. Wiederum wird auf das bereits erwähnte unzureichende Deckungskapital verwiesen. Beide Ansichten sind haltbar. Doch fehlen eben die Vorschriften; es kommt darauf an, ob das Gesetz dem Ersteher auch den Vorteil geringer wiederkehrender Leistungen geben wollte.

Regelung in Westberlin

Für Westberlin gelten grundsätzlich die bisher gemachten Ausführungen, soweit nicht im Nachstehenden die Abweichungen beziehungsweise Ergänzungen geschildert werden.

Über die Aufbaugrundschuld

In Westberlin gibt es keine Umstellungsgrundschulden, sondern gemäß § 13 des bereits auf S. 66 zitierten Gesetzes über die Umstellung von Grundpfandrechten und über Aufbaugrundschulden vom 9. 1. 1951 in der Fassung des Gesetzes vom 15. 1. 1953, des sogenannten Grundpfandrechtsumstellungsgesetzes (GUG.), Aufbaugrundschulden[41]). Diese entstehen grundsätzlich auch ohne Eintragung im Grundbuch (§ 14 GUG.) bei Hypotheken, Grund- und Rentenschulden, wenn diese nicht im Verhältnis 1 : 1 (eine Reichsmark = eine Deutsche Mark der Bank deutscher Länder) umgestellt worden sind. Sie waren bis zum Inkrafttreten des Gesetzes vom 15. 1. 1953 gelegentlich der Umstellung

[41]) Besonders behandelt S. 88 und 90 in den Beispielen 8 und 10.

des Stammrechts von Amts wegen einzutragen, während dieses jetzt nur noch auf Antrag geschieht.

Die Aufbaugrundschulden rangieren hinter dem Recht, aus dem sie entstanden sind, und zwar in Höhe des Differenzbetrages zwischen dem Reichsmarknennbetrag des Rechts und dem Umstellungsbetrag dieses Rechts in deutscher Mark. Die Aufbaugrundschulden stehen nicht, wie es bei den Umstellungsgrundschulden im Bundesgebiet der Fall war, der öffentlichen Hand, sondern dem Grundstückseigentümer zu. Nur einige Rechte, die im § 23 GUG. aufgezählt sind, unterliegen nicht der Bildung von Aufbaugrundschulden, zum Beispiel die Abgeltungshypotheken, die ein Darlehn zur Abgeltung der Gebäudeentschuldungssteuer sicherten[42]). In der Bundesrepublik entstanden dagegen nach den Abgeltungshypotheken Umstellungsgrundschulden[43])

Die Aufbaugrundschuld unterscheidet sich noch dadurch wesentlich von der Umstellungsgrundschuld, daß sie mit dem Inkrafttreten des LAG. nicht erlosch. Es ist der Zeitpunkt des Erlöschens bis zum 31. 3. 1956 hinausgeschoben, beziehungsweise die Bestimmung über einen früheren Zeitpunkt in folgenden drei Fällen dem Grundstückseigentümer überlassen worden:

a) War die Umstellung oder Löschung des Stammrechtes schon vor dem Inkrafttreten des GUG. (1. 2. 1951) eingetragen, damals aber mangels entsprechender Vorschriften von Amts wegen und auch später auf Antrag die Eintragung einer Aufbaugrundschuld nicht erfolgt, so erlischt die Aufbaugrundschuld schon zum 30. 6. 1953, wenn nicht der Eigentümer ihre Eintragung noch vorher beantragt (§ 15 GUG.).

b) Beantragt der Grundstückseigentümer gelegentlich des Antrags auf Umschreibung oder Löschung eines Stammrechtes nicht gleichzeitig die Eintragung der sich an dieses Stammrecht anschließenden Aufbaugrundschuld, so erlischt gleichfalls die Aufbaugrundschuld, nachdem das Grundbuchamt den Antragsteller auf diese Folgen hingewiesen hat (§ 14 Absatz 2 Satz 2 GUG.).

c) Schließlich kann der Eigentümer, wie es in der Bundesrepublik auch bei der Umstellungsgrundschuld der Fall war, auf die Aufbaugrundschuld verzichten (§ 19 Absatz 4 GUG.).

Mit den vorstehend genannten Bestimmungen wird es ermöglicht, daß schon vor dem 31. 3. 1956, dem Zeitpunkt, an dem die Aufbaugrundschuld auf jeden Fall erlischt, alle $^1/_{10}$ Rechte im Grundbuche zusammenrücken und dadurch in ihm eine bessere Übersichtlichkeit geschaffen wird. Die Löschung der Aufbaugrundschulden ist in jedem Falle im Grundbuche zu vermerken, sei es, daß sie im Grundbuch eingetragen sind oder nicht (§§ 14 Absatz 3, 19 Absatz 4 GUG.). Der durch Rangrücktritt einer Aufbaugrundschuld einem vorgetretenen Recht eingeräumte Rang geht nicht dadurch verloren, daß die Aufbaugrundschuld erloschen ist (§ 14 Absatz 4 GUG.).

Durch die Aufbaugrundschuld selbst wird, wie bereits angedeutet, bis zum 31. 3. 1956 dem Eigentümer die Aufnahme von Krediten erleichtert und sogar manchmal erst ermöglicht, was sich für den Wiederaufbau kriegsbeschädigter Grundstücke bereits günstig ausgewirkt hat. Die Aufbaugrundschulden sind echte Eigentümergrundschulden. Nur ist der Eigentümer insofern in der Ver-

---

42) VO. v. 31. 7. 1942 (RGBl. I S. 501).

43) § 4 der VO. zum Hypothekensicherungsgesetz, WiGBl. 1948, S. 88.

fügung darüber beschränkt, als diese mit einigen Ausnahmen, worunter auch der Verzicht auf die Aufbaugrundschuld fällt, von einer Genehmigung des Senats abhängig ist (siehe hierüber § 19 GUG.).

Über die Hypothekengewinnabgabe

Die Hypothekengewinnabgabe ist in Westberlin auf Grund des Lastenausgleichsgesetzes nicht, wie in der Bundesrepublik mit dem 21. 6. 1948, sondern mit dem 25. 6. 1948 geschaffen (§ 142 LAG.). Auch wird in Westberlin die Verzinsung und Tilgung der Hypothekengewinnabgabe auf den 1. 7. 1948 beziehungsweise 1. 10. 1948 zurückgeführt (§ 147 Absatz 1 und 3 LAG.), jedoch mit der Maßgabe, daß die bis zum 31. 3. 1952 auf die Abgabeschuld zu entrichtenden Leistungen grundsätzlich als erbracht gelten (§ 147 Absatz 7 LAG.). Ferner sind hinsichtlich der Höhe der Abgabeschuld, so auch der Minderung und Herabsetzung derselben, Sonderregelungen getroffen worden, auf die einzugehen über den Rahmen der Arbeit liegen würde. Es wird lediglich auf die §§ 144, 145, 146 LAG. verwiesen.

Bestimmungen im Lastenausgleichsgesetz über die Zwangsversteigerung

Über den Rang der Hypothekengewinnabgabe

Die im Bundesgebiet für die der öffentlichen Last der Hypothekengewinnabgabe (im folgenden kurz auch nur „öffentliche Last" bezeichnet) vorgehenden Rechte bestehenden und bereits ausgeführten Bestimmungen der §§ 113 und 116 LAG. sind mit den §§ 150 und 152 LAG. wie folgt den Berliner Verhältnissen angepaßt worden:

Zum § 150 LAG.

1. Nach dem Absatz 1 dieses Paragraphen gehen grundsätzlich der öffentlichen Last kraft Gesetzes im Range vor: „Rechte, die einer nach dem Grundpfandrechtsumstellungsgesetz entstandenen Aufbaugrundschuld im Range vorgehen oder vorgingen oder den gleichen Rang mit einer solchen haben oder hatten, soweit aus dem Umstellungsfall, auf dem eine solche Aufbaugrundschuld beruht, auch die öffentliche Last entstanden ist."

   Es ist ferner im § 150 Absatz 1 LAG. gesagt, daß in Westberlin auch dieselben Ausnahmen wie in der Bundesrepublik gelten: also bei Eigentümergrundpfandrechten und steuerlich zusammenveranlagten Personen. Ist im Falle einer Zwangsversteigerung eine Aufbaugrundschuld noch nicht verwendet, so hat sie keinen Befriedigungsvorgang vor der öffentlichen Last[44]).

   Wie aus dem obenangeführten Gesetzestext hervorgeht, rangieren vor der öffentlichen Last nur Rechte, die einer nach dem Grundpfandrechtumstellungsgesetz entstandenen Aufbaugrundschuld vorgehen, vorgingen oder den gleichen Rang mit ihr haben oder hatten, wenn Aufbaugrundschuld und öffentliche Last aus demselben Umstellungsfall entstanden sind. Der Vorzugsrang hat nicht zur Voraussetzung, daß unmittelbar hinter dem betreffenden Recht eine Aufbaugrundschuld steht, die auf demselben Umstellungsfall beruht wie die öffentliche Last. Es ist nur nötig, daß überhaupt hinter dem Recht eine Aufbaugrundschuld und eine aus demselben

[44]) Hinsichtlich der im Zeitpunkt der Beschlagnahme des Grundstückes dem Eigentümer zustehenden Aufbaugrundschuld ist für die Feststellung des geringsten Gebotes durch das GUG. vom 15. 1. 1953 eine wesentliche Änderung eingetreten, siehe S. 80.

Umstellungsfall erwachsene öffentliche Last folgt oder folgte. Auch entfällt der Vorzugsrang dann nicht, wenn die nachfolgende Aufbaugrundschuld nicht verwendet wurde[45]). Vor der öffentlichen Last kann das Recht befriedigt werden, soweit die Aufbaugrundschuld und die aus demselben Umstellungsfall erwachsene öffentliche Last ihm nachgehen. Die Vorzugsbefriedigung des Rechts entfällt jedoch, wenn ihm Aufbaugrundschuld und öffentliche Last vorgehen. Ob ein Recht vor der öffentlichen Last rangiert, entscheiden die ordentlichen Gerichte (§ 150 Absatz 1 letzter Satz LAG.)[46]).

2. Der Vorzugsrang kommt nach § 150 Absatz 4 LAG. auch den Rechten zugute, die beim Inkrafttreten des LAG., für Berlin also am 18. 10. 1952, bestanden haben und der Hypothekengewinnabgabe unterliegen, für die aber eine Aufbaugrundschuld nach dem GUG. nicht entstanden ist. Hierunter fallen die Hauszinssteuerabgeltungsdarlehen und Hauszinssteuerabgeltungshypotheken, bei denen aus der Umstellung im Verhältnis 10 : 1 eine Aufbaugrundschuld nicht entstanden ist[47]).
3. Weiter gehen nach § 150 Absatz 5 LAG. der öffentlichen Last auch Rechte vor, die vor dem 18. 10. 1952, dem Tage des Inkrafttretens des LAG. für Berlin, aus einer Aufbaugrundschuld hervorgegangen oder an deren Stelle getreten sind oder, die nach dem Inkrafttreten des LAG. rechtswirksam nach § 24 GUG. an die Stelle einer Aufbaugrundschuld treten. Ein Recht ist aus einer Aufbaugrundschuld hervorgegangen, wenn sie „verwendet" worden ist, wenn also die Eigentümer mit der erforderlichen Genehmigung des Senats, früher des Magistrats, über sie verfügt hat. Die Aufbaugrundschuld selbst ist dann in der Höhe des an ihre Stelle getretenen Rechts ausgenutzt.
4. Schließlich haben nach § 150 Absatz 6 LAG. das Recht auf bevorzugte Befriedigung auch alle beim Inkrafttreten des LAG. bestehenden Rechte, die einem aus einer Aufbaugrundschuld hervorgegangenen oder an ihre Stelle getretenen Recht im Range nachgehen, soweit die öffentliche Last und das vorher als Aufbaugrundschuld entstandene Recht auf demselben Umstellungsfall beruhen[48]).

Zum § 152 LAG.

Eine Parallele zu § 116 Absatz 1 und 4 LAG. bildet für Westberlin § 152 Absatz 1 LAG. So besteht also auch in Westberlin ein Vorrecht für im Grundbuch eingetragene Aufbaukredite. Das Vorrecht erstreckt sich aber zusätzlich für Westberlin auch auf die Sicherung eines bis zum 31. 3. 1956 als Grundpfandrecht bestellten Aufbaukredits, der weitgehender, wie im § 116 Absatz 1 LAG. angegeben ist, sein kann. In Westberlin werden also weit mehr Kredite des Vorzugsranges teilhaftig als im Bundesgebiet. Auch kommt es abweichend von der Regelung im § 116 Absatz 1 LAG. für die Vorrechte der Aufbaukredite in Westberlin nicht darauf an, ob das belastete demselben Eigentümer zusteht wie das Grundstück, für das der Kredit gegeben ist[49]).

---

45) Anm. 44 gilt auch hier.

46) Surén HuW. Sonderheft S. 91.

47) In der Bundesrepublik waren, wie schon S. 77 ausgeführt, nach den Abgeltungshypotheken Umstellungsgrundschulden entstanden.

48) Zum § 150 LAG. siehe S. 88 Beisp. 8.

49) Hierzu S. 90 Beisp. 10.

Zum geringsten Gebot

Nach dem unter dem 15. 1. 1953 erlassenen Ersten Gesetz zur Änderung und Ergänzung des Grundpfandrechtumstellungsgesetzes[50]) erlöschen nicht ausgenutzte Aufbaugrundschulden mit der Rechtskraft des Zuschlagsbeschlusses. Sie sind also als nicht vorhanden zu behandeln und bei der Feststellung des geringsten Gebots sowie im Teilungsplan nicht zu berücksichtigen (§ 20 c GUG.).

Beispiele

Nach vorstehenden komplizierten Ausführungen, die erforderlich waren, weil die in ihnen erwähnten Bestimmungen auf die Auswirkung der Grundpfandrechte im geringsten Gebot einen Einfluß ausüben, sogar für sie eine wesentliche Rolle spielen können, folgen entsprechende Beispiele. Soweit diese auf Westberlin abgestellt sind, ist es besonders kenntlich gemacht.

Die Beispiele selbst sind so einfach wie nur möglich gehalten und können noch beliebig ergänzt werden. Die bisher in der Literatur erschienenen Darstellungen über die Hypothekengewinnabgabe lassen zum Teil gegensätzliche Ansichten hinsichtlich des Befriedigungsvorranges der Grundpfandrechte und der Feststellung des damit verbundenen geringsten Gebotes erkennen[51]). Ich bin mir bewußt, daß erst allmählich, so auch durch Rechtsprechung und eventuelle gesetzliche Ergänzungen oder Berichtigungen, eine Klärung dieser Materie erfolgen wird.

Soweit in den Beispielen die einzelnen Teile der Abgabeschuld, deren Festsetzung das Finanzamt vornimmt, aufgeführt sind, ist dieses erfolgt, um zu zeigen, wie sich die öffentliche Last zusammensetzt. Es sind hierbei nur die Anfangsbeträge eingesetzt worden, also so, wie sie an dem Stichtage, dem 21. 6. 1948, für das Bundesgebiet (§ 102 LAG.) und am 1. 4. 1949 für Westberlin (§§ 142 Absatz 1, 144 Absatz 1 LAG.) errechnet worden sind. In der Praxis können diese Beträge nicht stimmen. So werden einmal Minderungen oder Herabsetzungen der Abgabeschulden erfolgt sein (§§ 100, 103, 104, 144, 146 LAG.). Des weiteren werden bei Umwandlung von Ansprüchen aus Zins- und Tilgungshypotheken (§§ 106, 147 LAG.) in den meisten Fällen Beträge bis zum Versteigerungstage bereits getilgt sein. Dann sind zwar die laufenden Leistungen nach dem Anfangsbetrage zu berechnen, der Betrag der öffentlichen Last muß aber geringer sein. In den Beispielen ist also der vom Finanzamt mitgeteilte und für die Aufstellung des geringsten Gebotes zugrunde zu legende Gesamtbetrag der Abgabeschulden und damit der öffentlichen Last mit einem angenommenen Betrage eingesetzt worden; auf die auf Seite 75 erwähnte etwaige Nachzahlungspflicht des Erstehers wird verwiesen.

1. Beispiel:[52])

Folgender Grundbuchstand der Belastung eines Grundstücks liegt zugrunde:

Nr. 1	Darlehnshypothek von 5 000 RM,		
	umgestellt auf	500 DM	
	Abgabeschuld		4 500 DM

[50]) GVBl. Berlin I S. 61.

[51]) Mohrbutter NJW. 1952 S. 1162, Weber NJW. 1952 S. 1284, Mohrbutter-de Buhr Rpfl. 1952 S. 567, Bruhn Rpfl. 1952 S. 569, 1953 S. 11.

[52]) Soweit vorangegangene Ausführungen über die Behandlung der Hypothekengewinnabgabe und deren Ranges, der Umstellungs- und Aufbaugrundschuld in der Zwangsversteigerung den Beispielen zugrunde liegen, ist dieses bei ihnen in der Überschrift durch Angabe der einzelnen Seiten kenntlich gemacht. Soweit die Bestimmungen über das geringste Gebot angesprochen werden, wird lediglich auf die Ausführungen S. 74, 75/76, 80 verwiesen.

Nr. 2 Erbauseinandersetzungs-hypothek von	10 000 RM,		
umgestellt auf		10 000 DM	keine Abgabeschuld, da höher als 10 : 1 umgestellt (§ 99 LAG.)
Nr. 3 Darlehnshypothek von	10 000 RM,		
umgestellt auf		1 000 DM	
Abgabeschuld			9 000 DM
Nr. 4 Restkaufgeld von	6 000 RM,		
umgestellt auf		600 DM[53]	
Abgabeschuld			5 400 DM
öffentliche Last zusammen			18 900 DM[54]

Die Zwangsversteigerung wird betrieben von der Hypothek Nr. 2. Das geringste Gebot setzt sich wie folgt zusammen:

I. **Bestehenbleibende Rechte**

a) **als Teil** des geringsten Gebotes
Nr. 1 mit 500 DM

b) **neben** dem geringsten Gebot
die öffentliche Last

II. **Bargebot**

a) Kosten des Verfahrens

b) Grundsteuern

c) Zinsen von Nr. 1[55]).

Die wiederkehrenden Leistungen der öffentlichen Last kommen nicht in das geringste Gebot.

---

53) In der Bundesrepublik wurden nach dem Umstellungsgesetz — S. 66, Anm. 6 — die Restkaufgelder grundsätzlich im Verhältnis 10 : 1 umgestellt. Nur wenn und soweit die Gegenleistung vor dem 21. 6. 1948 noch nicht bewirkt war, kam nach § 18 Abs. 1 Zfr. 2 eine Umstellung im Verhältnis 1 : 1 in Betracht. Aber auch in diesen Fällen hat sich die Rechtsprechung nur zu solch einer Umstellung entschlossen, wenn das Restkaufgeld Rentennatur, mindestens aber Versorgungscharakter hatte (Nehlert HuW. 1950/141—143). Aus der Umstellung im Verhältnis 10 : 1 entstand auch die Sonderregelung des § 101 Abs. 2 LAG.; der Schuldnergewinn aus einer nach dem 8. Mai 1945 — grundsätzlich 10 : 1 umgestellten — dinglich gesicherten Restkaufgeldhypothek wird in voller Höhe durch die Hypothekengewinnabgabe erfaßt. — Über die Regelung in Westberlin siehe S. 91 Anm. 57.

54) Es wird an dieser Stelle auf eine Bestimmung des LAG. hingewiesen, die, wenn sie das Thema der Arbeit auch nicht direkt berührt, weil das Bestehen eines Grundpfandrechts nicht gegeben ist, von großer Bedeutung besonders für die Wohnungswirtschaft sein kann. Gemäß § 92 LAG. erfolgt nämlich eine Erhöhung der Hypothekengewinnabgabe, wenn eine im Sinne der Gewerbesteuer als Dauerschuld anzusehende ungesicherte Forderung vorliegt. Diese wird dann wie eine Verbindlichkeit behandelt, die am 20. 6. 1948 durch letztrangige Grundpfandrechte am Grundstück gesichert war, für dessen bauliche Finanzierung sie eingegangen war, oder, wenn sie für andere Zwecke eingegangen ist, wie eine Verbindlichkeit, die am 20. 6. 1948 durch letztrangige Gesamtgrundpfandrechte an allen dem Schuldner am 20. 6. 1948 und noch beim Inkrafttreten des LAG. gehörigen Grundstücken gesichert waren.

55) Für die aus den letzten beiden Jahren rückständigen Zinsen ist ggfs., sowohl für das Bundesgebiet als auch für Westberlin zu beachten, daß gemäß der Gesetze vom 14. 6. 1951 und 5. 4. 1952 (BGBl. 1951 S. 396, BGBl. 1952 S. 299) bzw. vom 12. 6. 1952 (GVBl. Berlin 1952 S. 383) die Zeit vom 1. 1. 1945—31. 12. 1950 bei der Berechnung der Frist des § 10 Abs. 1 Nr. 4 ZVG. nicht eingerechnet wird. Diese Regelung ist bestätigt durch Art. 5

Wenn im ersten Termin nicht ein Bargebot abgegeben wird, das die Ansprüche von Nr. 2, 3 und 4 deckt, so würde die öffentliche Last diesen drei Gläubigern gegenüber bevorzugt behandelt werden. Daher haben diese drei Gläubiger das Recht, den Antrag aus § 113 Absatz 3 LAG. und, soweit es sich um Westberlin handelt, aus § 150 Absatz 3 LAG. zu stellen.

Im zweiten Termin erfolgt das Ausgebot zunächst wie im ersten. Ist das Ergebnis wieder nicht ausreichend, so erfolgt das Ausgebot mit der Maßgabe, daß die öffentliche Last nicht in das geringste Gebot fällt und daß sie nur insoweit bestehenbleibt, als das Meistgebot nach Befriedigung der vorgehenden Rechte, die durch Zahlung zu erfolgen hat, ihren Wert deckt und im übrigen erlischt. Dementsprechend ändert sich dann auch das geringste Gebot. Der Erlös würde in folgender Reihenfolge verteilt werden:

Kosten des Verfahrens
Grundsteuern
Zinsen von Nr. 1
Nr. 2 Kapital nebst Zinsen
Nr. 3 Kapital nebst Zinsen
Nr. 4 Kapital nebst Zinsen
öffentliche Last.

2. Beispiel: Ausschaltung eines zweiten Termins

Beispiel wie vor, doch wird das Verfahren betrieben entweder von einem persönlichen Gläubiger oder von einem später eingetragenen Gläubiger, dessen Forderung kein Vorrecht hat.

Das geringste Gebot setzt sich wie folgt zusammen:

I. **Bestehenbleibende Rechte**

als Teil des geringsten Gebotes

Die öffentliche Last	
Nr. 1 mit	500 DM
Nr. 2 mit	10 000 DM
Nr. 3 mit	1 000 DM
Nr. 4 mit	600 DM

II. **Bargebot**

a) Kosten des Verfahrens
b) Grundsteuern
c) Zinsen von Nr. 1—4
d) Wiederkehrende Leistungen der öffentlichen Last.

Wird im Versteigerungstermin kein Gebot abgegeben, welches das geringste Gebot erreicht, so hat nach § 77 ZVG. die Einstellung des Verfahrens zu erfolgen. Die Anberaumung eines zweiten Termins gemäß §§ 113 Absatz 3 oder 150 Absatz 3 LAG. kommt nicht in Frage, da die Pfandrechte der Gläubiger Nr. 1—4 nicht beeinträchtigt sind.

Nr. 29 des Ges. vom 20. 8. 1953 bzw. 2. 9. 1953 — abgedr. siehe S. 15 Anm. 74 und 75. Eine gleiche Regelung für überalterte Rückstände ab 1951 ist bisher nicht erfolgt. Für diese Rückstände kommt bis auf weiteres also nur die Bestimmung des § 10 Abs. 1 Nr. 4 ZVG. ohne Einschränkung in Betracht.

3. Beispiel: Sicherungshypothek für öffentlich-rechtliche Ansprüche, Hypothek zur Kriegsschädenbeseitigung (hierzu Ausführungen Seite 68, 70).

Der Grundbuchstand ist:

Nr. 1	Darlehnshypothek von	5 000 RM,		
	umgestellt auf		500 DM	
	Abgabeschuld (für Westberlin auch Aufbaugrundschuld) . . .			4 500 DM
Nr. 2	Hypothek zur Kriegsschädenbeseitigung, verwendet vor der Währungsreform, von	10 000 RM,		
	umgestellt auf		1 000 DM	keine Abgabeschuld (§ 97 Nummer 7 LAG).
Nr. 3	Darlehnshypothek von	8 000 RM,		
	umgestellt auf		800 DM	
	Abgabeschuld (für Westberlin auch Aufbaugrundschuld) . . .			7 200 DM
Nr. 4	Sicherungshypothek für öffentlich-rechtliche Forderung von	2 000 RM,		
	umgestellt auf		200 DM	keine Abgabeschuld (§ 97 Nummer 3 LAG).
	öffentliche Last zusammen			11 700 DM

Das Verfahren wird vom Finanzamt wegen Grundsteuern im Range von § 10 Nummer 3 ZVG. betrieben.

Das geringste Gebot setzt sich wie folgt zusammen:

I. **Bestehenbleibende Rechte**

nur **neben** dem geringsten Gebot
die öffentliche Last

II. **Bargebot**

Kosten des Verfahrens.

Die wiederkehrenden Leistungen der öffentlichen Last kommen nicht in das geringste Gebot.

Den Antrag aus § 113 Absatz 3 beziehungsweise § 150 Absatz 3 LAG. auf Anberaumung eines zweiten Termins mit einem neuen Ausgebot können nur die Gläubiger der Rechte Nr. 1, 2, 3 stellen. Die Rangfolge für die Befriedigung ist wie folgt:

Kosten des Verfahrens

Grundsteuern

Nr. 1	500 DM	nebst Zinsen
Nr. 2	1 000 DM	
Nr. 3	800 DM	

öffentliche Last nebst wiederkehrenden Leistungen

Nr. 4 . . . . 200 DM
nebst Zinsen.

4. Beispiel: Eigentümergrundschulden, Verwandtenhypotheken (hierzu Ausführungen Seite 70, 73 bezw. 68, 70).

Folgender Grundbuchstand wird zugrundegelegt:

Nr. 1 Darlehnshypothek von 20 000 RM, am Stichtage nur	10 000 RM,		
umgestellt auf		1 000 DM	
Abgabeschuld			9 000 DM
Eigentümergrundschuld aus Nr. 1	10 000 RM,		
umgestellt auf		10 000 DM	keine Abgabeschuld, da höher als 10:1 umgestellt (§ 99 LAG.)
Nr. 2 Hypothek für Ehefrau	5 000 RM,		
umgestellt auf		500 DM	keine Abgabeschuld (§ 97 Nummer 8 LAG.)
Nr. 3 Darlehnshypothek von 10 000 RM, am Stichtage nur	7 000 RM,		
umgestellt auf		700 DM	
Abgabeschuld			6 300 DM
Eigentümergrundschuld aus Nr. 3	3 000 RM,		
umgestellt auf		3 000 DM	keine Abgabeschuld, da höher als 10:1 umgestellt (§ 99 LAG.)
öffentliche Last zusammen			15 300 DM

Die Hypothek Nr. 3 betreibt das Verfahren.

Das geringste Gebot ist:

I. **Bestehenbleibende Rechte**
als Teil des geringsten Gebotes
Nr. 1 mit . . . . 1 000 DM
neben dem geringsten Gebote
die öffentliche Last

II. **Bargebot**

a) Kosten des Verfahrens
b) Grundsteuern
c) Zinsen von Nr. 1 (von 1000 DM).

Die wiederkehrenden Leistungen der öffentlichen Last kommen nicht in das geringste Gebot.

Hierzu wird bemerkt:

Nach §§ 113, 150 LAG. hat die öffentliche Last anderen Rechten den Vorrang zugesprochen, nicht aber den Eigentümergrundschulden und den Verwandtenhypotheken. Das Gesetz sagt nichts darüber, daß Fremdrechte den Eigentümergrundschulden und den Verwandtenhypotheken vorgehen. Diese Unklarheit hat im Schrifttum Gegensätze gezeitigt. Auf die grundsätzlichen Ausführungen hierzu (Seite 70, 71/72, 73) kann verwiesen werden.

5. Beispiel: zu §§ 113 Absatz 4, 150 Absatz 4 LAG. — Höchstbetragshypotheken (hierzu Ausführungen Seite 67, 71).

Grundbuchstand:

Nr. 1	Darlehnshypothek von 6 000 RM, umgestellt auf	600 DM	
	Abgabeschuld		5 400 DM
Nr. 2	Sicherungshypothek zum Höchstbetrag von 10 000 RM, umgestellt auf	10 000 DM	
	Die der Hypothek zugrunde liegende Verbindlichkeit mit 8000 RM ist umgestellt auf 800 DM		
	Abgabeschuld		7 200 DM
Nr. 3	Darlehnshypothek von 7 000 RM, umgestellt auf	700 DM	
	Abgabeschuld		6 300 DM
	öffentliche Last zusammen		18 900 DM

Der Gläubiger der Hypothek Nr. 3 betreibt das Verfahren. Inzwischen ist die Sicherungshypothek zum Höchstbetrage Nr. 2 durch einen Personalkredit in Höhe von 9000 DM. ausgenutzt. Das geringste Gebot setzt sich dann wie folgt zusammen:

I. **Bestehenbleibende Rechte**

als Teil des geringsten Gebots

Nr. 1 mit . . . . 600 DM

Nr. 2 mit . . . . 9 000 DM

neben dem geringsten Gebot die öffentliche Last

II. **Bargebot**

a) Kosten des Verfahrens

b) Grundsteuern

c) Zinsen von Nr. 1 von 600 DM.

Die wiederkehrenden Leistungen der öffentlichen Last kommen nicht in das geringste Gebot.

Für den zweiten Termin kommt es wieder darauf an, ob das Recht Nr. 3 durch das Ausgebot beeinträchtigt wird oder nicht, andernfalls erfolgt das Ausgebot nur unter Bestehenbleiben der Posten von

Nr. 1 600 DM,

Nr. 2 9 000 DM.

Bei Nr. 2 sind 1000 DM Eigentümergrundschuld geworden. Ihre Behandlung ergibt sich aus Beispiel 4.

6. Beispiel: Aufbaukredit v o r Inkrafttreten des LAG. — mit Vorrang vor einer Umstellungsgrundschuld — Verzicht auf diese (hierzu Ausführungen Seite 70).

Die Grundbuchbelastung ist:

Nr. 1	Darlehnshypothek von 60 000 RM, umgestellt auf	6 000 DM	
	bisherige Umstellungsgrundschuld aus Nr. 1 = Abgabeschuld		54 000 DM

Nr. 2	Darlehnshypothek von 50 000 RM, umgestellt auf	5 000 DM	
	bisherige Umstellungsgrundschuld aus Nr. 2 = Abgabeschuld		45 000 DM
Nr. 3	Darlehnshypothek von 40 000 RM, umgestellt auf	4 000 DM	
	bisherige Umstellungsgrundschuld aus Nr. 3 = Abgabeschuld		36 000 DM
Nr. 4	Aufbaukredit	40 000 DM	
	öffentliche Last zusammen		135 000 DM

Die Umstellungsgrundschulden in Höhe von 135 000 DM sind inzwischen zur öffentlichen Last geworden.

Wenn auf die Umstellungsgrundschulden nicht verzichtet war, hat Nr. 4 den letzten Rang auch hinter ihnen oder der öffentlichen Last. Für die Aufstellung des geringsten Gebots kann auf die bisherigen Beispiele Bezug genommen werden. Das Gleiche gilt, wenn ein Vorrang nicht bewilligt worden wäre.

Der Aufbaukredit wäre aber wohl nicht gegeben worden, wenn ihm nicht ein besserer Rang bewilligt worden wäre. Angenommen wird, die Umstellungsgrundschuld aus Nr. 1 hätte Nr. 4 den Vorrang eingeräumt.

Ferner wird unterstellt, daß in Höhe von 30 000 DM auf die Umstellungsgrundschuld verzichtet worden wäre. Dieser Verzicht hätte die rangletzte Umstellungsgrundschuld getroffen, also zu Nr. 3[56]).

Folgender Rang ergibt sich damit:

Nr. 1	6 000 DM	
Nr. 4	40 000 DM	
Teilbetrag von	14 000 DM	Umstellungsgrundschuld aus Nr. 1
Nr. 2	5 000 DM	
aus Nr. 2 . . .	45 000 DM	Umstellungsgrundschuld aus Nr. 2
Nr. 3	4 000 DM	
aus Nr. 3 . . .	6 000 DM	Umstellungsgrundschuld aus Nr. 3
aus Nr. 3 . . .	30 000 DM	Eigentümergrundschuld durch den Verzicht als Umstellungsgrundschuld
aus Nr. 1 . . .	40 000 DM	Teilbetrag der Umstellungsgrundschuld infolge Vorrangsbewilligung.

Wenn nun der Gläubiger Nr. 2 das Verfahren betreibt, dann gestaltet sich das geringste Gebot wie folgt:

I. **Bestehenbleibende Rechte**

als Teil des geringsten Gebotes

Nr. 1	6 000 DM
Nr. 4	40 000 DM

neben dem geringsten Gebot
die öffentliche Last von

noch	135 000 DM	
—	30 000 DM	105 000 DM

[56]) Gemäß § 17 der Verwaltungsanordnung über die Bewilligung des Verzichts auf Umstellungsgrundschulden vom 27. 6. 1951 (BStBl. 1951 S. 255).

II. **Bargebot**

a) Kosten des Verfahrens

b) Grundsteuer

c) Zinsen von Nr. 1 (6 000 DM) und Nr. 4.

Die wiederkehrenden Leistungen der öffentlichen Last kommen nicht in das geringste Gebot.

Das eventuelle andere Ausgebot im zweiten Termin ergibt sich aus den früheren Beispielen.

7. Beispiel: Aufbaukredit, aufgenommen n a c h dem Inkrafttreten des LAG. (hierzu Ausführungen Seite 71)

Grundbuchstand:

Nr. 1	Darlehnshypothek von 60 000 RM,		
	umgestellt auf	6 000 DM	
	Abgabeschuld		54 000 DM
Nr. 2	Darlehnshypothek von 50 000 RM,		
	umgestellt auf	5 000 DM	
	Abgabeschuld		45 000 DM
Nr. 3	Darlehnshypothek von 40 000 RM,		
	umgestellt auf	4 000 DM	
	Abgabeschuld		36 000 DM
	öffentliche Last zusammen		135 000 DM
Nr. 4	Aufbaukredit	40 000 DM.	

Die öffentliche Last dürfte mit Sicherheit gemäß §§ 100 und 104 LAG. gemindert oder herabgesetzt werden, da ja sonst ein Aufbaukredit nicht gegeben worden wäre.

Angenommen wird, daß der Post Nr. 4 der Vorrang eingeräumt worden ist durch die Posten Nr. 2 und 3 und durch die öffentliche Last. Der Rang ist dann folgender:

Nr. 1	6 000 DM
Nr. 4	40 000 DM
Nr. 2	5 000 DM
Nr. 3	4 000 DM
öffentliche Last.	

Der Gläubiger Nr. 2 betreibt wie im letzten Beispiel das Verfahren.

Das geringste Gebot gestaltet sich dann wie folgt:

I. **Bestehenbleibende Rechte**

als Teil des geringsten Gebots

Nr. 1	6 000 DM
Nr. 4	40 000 DM

neben dem geringsten Gebote

die öffentliche Last.

II. **Bargebot**

Kosten des Verfahrens

Grundsteuern

Zinsen von Nr. 1 und von Nr. 4.

Die wiederkehrenden Leistungen der öffentlichen Last kommen nicht in das geringste Gebot.

Der Unterschied zwischen diesem und dem vorhergegangenen Beispiel liegt darin, daß infolge des Inkrafttretens des LAG. die Umstellungsgrundschulden erloschen waren, also ein Verzicht auf die Umstellungsgrundschulden und das Entstehen von Eigentümergrundschulden aus diesem Grunde nicht mehr erfolgen könnte. Die öffentliche Last selbst hat den in diesem Beispiele angegebenen Rang gemäß § 113 LAG. behalten. Die Aufbaukredite können jetzt nur noch einen günstigeren Rang durch eine Vorrangseinräumung erhalten.

8. Beispiel: Regelung beim Vorliegen einer Aufbaugrundschuld für Westberlin (hierzu Ausführungen Seite 76/78, 78/79).

Während im Bundesgebiet die Umstellungsgrundschulden kraft Gesetzes erloschen sind mit geringen Ausnahmen (§ 120 LAG.), sind in Westberlin die Aufbaugrundschulden bestehengeblieben. Die Aufbaukredite können also auch jetzt noch durch Ausnutzung der Aufbaugrundschulden mit Genehmigung des Senats gesichert werden.

Folgender Grundbuchstand wird zugrunde gelegt:

Nr. 1	Darlehnshypothek von 60 000 RM, umgestellt auf	6 000 DM
nach Nr. 1	Aufbaugrundschuld	54 000 DM
Nr. 2	Darlehnshypothek von 50 000 RM, umgestellt auf	5 000 DM
nach Nr. 2	Aufbaugrundschuld	45 000 DM
Nr. 3	Darlehnshypothek von 40 000 RM, umgestellt auf	4 000 DM
nach Nr. 3	Aufbaugrundschuld	36 000 DM

Der gesamte Betrag der Aufbaugrundschulden mit 135 000 DM wird als öffentliche Last unterstellt. In Nr. 4 wird ein Aufbaukredit von 60 000 DM eingetragen.

Wenn der Aufbaukredit nicht den Rang der Aufbaugrundschuld ausnutzt, behält er den Rang nach den Hypotheken Nr. 1—3 und der öffentlichen Last. Hinsichtlich des geringsten Gebotes ist es gleichgültig, wer die Zwangsversteigerung betreibt, und es kann auf die früheren Beispiele Bezug genommen werden. Sämtliche Aufbaugrundschulden erlöschen aber mit dem Zuschlage (§ 20 c GUG.).

Anders sieht es dagegen aus, wenn die Aufbaugrundschuld durch den Aufbaukredit ausgenutzt ist. Für die Berechnung der öffentlichen Last ist dieses jedoch bedeutungslos, da sie grundsätzlich ohne Rücksicht darauf, ob die Aufbaugrundschuld ausgenutzt ist oder nicht, nach § 99 LAG. doch entsteht und berechnet wird. Dieses hat seinen Grund darin, daß im Gegensatz zu der Regelung der Umstellungsgrundschuld im Bundesgebiet, in dem diese Grundschuld dem Fiskus zustand und der Verzicht auf sie sich gemäß § 104 LAG. auswirkt, in Berlin die Aufbaugrundschuld als Kreditmöglichkeit für den Eigentümer geschaffen wurde, zu deren Ausnutzung allerdings, wie schon gesagt, das Einverständnis des Senats erforderlich war beziehungsweise ist.

In unserem Beispiel soll der Aufbaukredit von 60 000 DM die Aufbaugrundschulden hinter Nr. 1 von 54 000 DM und hinter Nr. 2 in Höhe von 6 000 DM ausgenutzt haben. Der Rang wäre also jetzt folgender:

Nr. 1	6 000 DM
Nr. 4	54 000 DM

aus der Aufbaugrundschuld nach Nr. 1
Abgabeschuld . . . . 54 000 DM
Nr. 2 . . . . 5 000 DM
Nr. 4 . . . . 6 000 DM
aus der Aufbaugrundschuld nach Nr. 2
in Höhe von 6 000 DM
nach Nr. 2 Rest der Aufbaugrundschuld . . . 39 000 DM
Abgabeschuld . . . . 45 000 DM
Nr. 3 . . . . 4 000 DM
nach Nr. 3 Aufbaugrundschuld . . . . 36 000 DM
Abgabeschuld . . . . 36 000 DM
öffentliche Last zusammen . . . . 135 000 DM,

bei deren Höhe unterstellt werden muß, daß sie gemäß §§ 100, 104 LAG. wohl erheblich geringer festgesetzt sein wird.

Wenn die Hypothek Nr. 3 das Verfahren betreibt, so setzt sich das geringste Gebot wie folgt zusammen:

I. **Bestehenbleibende Rechte**
als Teil des geringsten Gebotes
Nr. 1 . . . . 6 000 DM
Nr. 4 . . . . 54 000 DM
Nr. 2 . . . . 5 000 DM
Nr. 4 . . . . 6 000 DM
neben dem geringsten Gebot die öffentliche Last.

Die nicht ausgenutzten Aufbaugrundschulden erlöschen mit dem Zuschlag.

II. **Bargebot**
a) Kosten des Verfahrens
b) Grundsteuern
c) Zinsen aus den Rechten Nr. 1, 4, 2, 4.

Die wiederkehrenden Leistungen der öffentlichen Last kommen nicht in das geringste Gebot.

Wenn im ersten Termin durch ein Gebot mit dem Bestehenbleiben der öffentlichen Last das Recht Nr. 3 benachteiligt wird, dann kann, wie schon in den vorhergegangenen Beispielen gesagt ist, ein zweiter Termin mit einem neuen Ausgebot erfolgen, und zwar mit der Maßgabe, daß die öffentliche Last nur insoweit bestehenbleibt, als das Meistgebot nach Befriedigung der vorgehenden Rechte ihren Wert deckt und im übrigen erlischt. In unserem Beispiel fällt dann also das Bestehenbleiben der öffentlichen Last neben dem geringsten Gebot fort.

9. Beispiel: für den Fall § 116 Absatz 4 LAG. — Vorrecht für Aufbaukredite — Bundesrepublik (hierzu Ausführungen Seite 71).

Die Grundbuchbelastung ist folgende:

Nr. 1 Darlehnshypothek von 60 000 RM,
umgestellt auf 6 000 DM
Abgabeschuld . . . . 54 000 DM

Nr. 2	Darlehnshypothek von 50 000 RM, umgestellt auf	5 000 DM	
	Abgabeschuld		45 000 DM
Nr. 3	Darlehnshypothek von 40 000 RM, umgestellt auf	4 000 DM	
	Abgabeschuld		36 000 DM
Nr. 4	Darlehnshypothek aus 1950	10 000 DM	
Nr. 5	Aufbaukredit	40 000 DM	
	öffentliche Last zusammen		135 000 DM

Dem Aufbaukredit wird gemäß § 116 Absatz 1 LAG. der Vorrang vor der öffentlichen Last, also nur vor dieser allein, nicht auch vor den Hypotheken Nr. 1—3 bewilligt. Gemäß § 116 Absatz 4 LAG. hat dann auch die Hypothek Nr. 4 den Vorrang vor der öffentlichen Last.

Der Rang ist dann wie folgt:

Nr. 1	6 000 DM
Nr. 2	5 000 DM
Nr. 3	4 000 DM
Nr. 4	10 000 DM
Nr. 5	40 000 DM
öffentliche Last	135 000 DM,

Die Hypotheken Nr. 1—3 stehen nicht, wie im Beispiel 6, nach dem Aufbaukredit, weil sie nicht den Vorrang eingeräumt haben.

Wenn der Gläubiger der Post Nr. 4 das Verfahren betreibt, dann setzt sich das geringste Gebot wie folgt zusammen:

I. **Bestehenbleibende Rechte**

als Teil des geringsten Gebotes

Nr. 1	6 000 DM
Nr. 2	5 000 DM
Nr. 3	4 000 DM

Neben dem geringsten Gebot bleibt die öffentliche Last bestehen

II. **Bargebot**

a) Kosten des Verfahrens
b) Grundsteuern
c) Zinsen aus den Rechten Nr. 1, 2, 3.

Die wiederkehrenden Leistungen der öffentlichen Last kommen nicht in das geringste Gebot.

Bei einem Ausgebot im zweiten Termin würde die öffentliche Last nicht in die Versteigerungsbedingungen kommen und nur in der Höhe bestehenbleiben, wie sie durch das Bargebot gedeckt wird, im übrigen aber erlöschen.

10. Beispiel: für den Fall § 116 Absatz 4 und 152 — Weiteres Vorrecht für Aufbaukredite — Regelung für Westberlin (hierzu Ausführungen Seite 76/78, 79).

Das Grundbuch ist wie folgt belastet:

Nr. 1	Darlehnshypothek von 60 000 RM, umgestellt auf	6 000 DM		
nach Nr. 1	Aufbaugrundschuld		54 000 DM	
	Abgabeschuld			54 000 DM

Nr. 2 Darlehnshypothek von	50 000 RM,			
umgestellt auf		5 000 DM		
nach Nr. 2 Aufbaugrundschuld			45 000 DM	
Abgabeschuld				45 000 DM
Nr. 3 Restkaufgeldhypothek aus 1940	40 000 RM,			
umgestellt auf		40 000 DM[57])	keine Abgabeschuld, da höher als 10 : 1 umgestellt (§ 99 LAG.)	
Nr. 4 Darlehnshypothek aus 1950		10 000 DM		
Nr. 5 Aufbaukredit		30 000 DM		
Der gesamte Betrag der öffentlichen Last mit				99 000 DM

wird gemäß §§ 100, 104 LAG. geringer sein.

In Westberlin sind zwei Fälle möglich:

a) Die Aufbaugrundschulden werden durch den Aufbaukredit ausgenutzt. Das Zwischenrecht Nr. 4 oder auch Nr. 3 wird davon nicht betroffen. Die öffentliche Last hat den Rang nach Nr. 2, also vor 3 und 4.

Die Rangfolge ist damit:

Nr. 1	6 000 DM	
Nr. 5	30 000 DM	
nach Nr. 1 Rest der Aufbaugrundschuld	24 000 DM	
Abgabeschuld		54 000 DM
Nr. 2	5 000 DM	
Aufbaugrundschuld	45 000 DM	
Abgabeschuld		45 000 DM
Nr. 3	40 000 DM	
Nr. 4	10 000 DM	

Wenn Nr. 3 das Verfahren betreibt, würden die Aufbaugrundschulden erlöschen, das geringste Gebot setzt sich dann zusammen aus:

I. **Bestehenbleibende Rechte**
als Teil des geringsten Gebotes

Nr. 1	6 000 DM	
Nr. 5	30 000 DM	
Nr. 2	5 000 DM	
die öffentliche Last mit		99 000 DM

beziehungsweise den gemäß §§ 100, 104 LAG. geminderten Beträgen.

II. **Bargebot**

a) Kosten des Verfahrens
b) Grundsteuern
c) Zinsen von 1, 5, 2
d) wiederkehrende Leistungen der öffentlichen Last.

---

[57]) In Westberlin sind die Restkaufgelder gemäß Art. 16 Zfr. 36 Abs. a 3 der Zweiten Verordnung zur Neuordnung des Geldwesens (Umstellungsverordnung) vom 4. 7. 1948 (VOBl. für Groß-Berlin 1948 S. 374 ff.) grundsätzlich im Verhältnis 1 : 1 umgestellt worden. Im § 6 des Ges. über die Umstellung von Grundpfandrechten und über Aufbaugrundschulden (S. 66 Anm. 4) ist jedoch auch eine Umstellung der Restkaufgelder im Verhältnis 10 : 1 vorgesehen, insbesondere für Verbindlichkeiten, die vor dem 1. 9. 1939 begründet wurden. — Über die Umstellung der Restkaufgeldforderungen in der Bundesrepublik siehe S. 81 Anm. 53.

Im zweiten Termin wird eine Änderung des Ausgebots insofern eintreten, als die öffentliche Last nicht in das geringste Gebot kommt, sondern nur in der Höhe bestehenbleibt, wie sie durch das Bargebot gedeckt wird, im übrigen erlischt.

b) Dem Aufbaukredit wird der Vorrang vor der öffentlichen Last bewilligt. Anwendung finden §§ 116 Absatz 1 und 4, 152 LAG. Die öffentliche Last hat den Rang nach Nr. 2, an ihre Stelle treten Nr. 4 und Nr. 5.

Der Rang wäre dann:

Nr. 1	6 000 DM
Nr. 2	5 000 DM
Nr. 4	10 000 DM
Nr. 5	30 000 DM
öffentliche Last mit (99 000 DM abzüglich Nr. 4 und Nr. 5 = 40 000 DM) = ...	59 000 DM
Nr. 3	40 000 DM
öffentliche Last mit dem Restbetrage.	

Da die Aufbaugrundschulden noch bis 1956 ausgenutzt werden können, wird dieses Beispiel kaum praktisch werden.

Das geringste Gebot richtet sich auch hier nach dem Range des jeweils betreibenden Gläubigers; die früheren Beispiele bringen die Einzelheiten.

11. Beispiel: Hauszinssteuer-Abgeltungshypothek

Vorbemerkung:

Angenommen wird, daß eine Abgeltungshypothek von 20 000 RM eingetragen und bis zum Währungsstichtage auf diese eine Tilgung in Höhe von 4 000 RM geleistet ist. Dann sind diese 4 000 RM gemäß Gesetz vom 31. 7. 1942[58]) nicht Eigentümergrundschuld geworden. Der Restbetrag von 16 000 RM ist umgestellt worden auf 1 600 DM. Nach der Abgeltungshypothek war wohl, wie auf Seite 77 bereits ausgeführt wurde, für die Bundesrepublik eine Umstellungsgrundschuld entstanden (§ 4 der VO. zum Hypothekensicherungsgesetz)[59]), dagegen für Westberlin gemäß § 23 GUG.[60]) keine Aufbaugrundschuld. In beiden Fällen ist aber nach § 94 Absatz 3 Nummer 2 LAG. eine öffentliche Last (16 000 —1 600) = 14 400 DM entstanden. Die Abgeltungsschuld ist, wie gleichfalls aus den beiden genannten gesetzlichen Bestimmungen hervorgeht, und damit auch die öffentliche Last gemäß § 99 LAG. mit 4,5 % zu verzinsen und mit 4 % zu tilgen.

Der Grundbuchstand ist wie folgt:

Nr. 1	Darlehnshypothek von 60 000 RM, umgestellt auf	6 000 DM	
	Umstellungsgrundschuld bzw. Aufbaugrundschuld		54 000 DM
Nr. 2	Darlehnshypothek von 50 000 RM, umgestellt auf	5 000 DM	
	Umstellungsgrundschuld bzw. Aufbaugrundschuld		45 000 DM
Nr. 3	Darlehnshypothek von 40 000 RM, umgestellt auf	4 000 DM	
	Umstellungsgrundschuld bzw. Aufbaugrundschuld		36 000 DM

---

58) RGBl. I S. 501.

59) Vom 7. 9. 1948, WiGBl. 1948 S. 88.

60) S. 66 Anm. 4.

Nr. 4 Abgeltungshypothek 20 000 RM,
umgestellt auf 1 600 DM
Umstellungsgrundschuld, aber keine Aufbaugrundschuld,
auf jeden Fall aber Abgabeschuld . . . . 14 400 DM

Es ist eine öffentliche Last entstanden mit . . . . 149 400 DM, und zwar mit dem Range nach dem Recht Nr. 3, da die Abgeltungshypothek den Rang vor allen Hypotheken, also vor Nr. 1, 2, 3 hat. Die Rangfolge ergibt sich wie folgt:

Nr. 4	1 600 DM
Nr. 1	6 000 DM
Nr. 2	5 000 DM
Nr. 3	4 000 DM
öffentliche Last	

Wenn der Gläubiger Nr. 2 das Verfahren betreibt, ist das geringste Gebot wie folgt:

I. **Bestehenbleibende Rechte**
als Teil des geringsten Gebotes
Nr. 4 . . . 1 600 DM, abzüglich der Tilgungsbeträge bis zum Zuschlage
Nr. 1 . . . 6 000 DM
neben dem geringsten Gebot die öffentliche Last.
Die Aufbaugrundschulden erlöschen mit dem Zuschlage.

II. **Bargebot**

a) Kosten des Verfahrens
b) Grundsteuern
c) Zinsen und Tilgung von Nr. 4
d) Zinsen von Nr. 1.

Die wiederkehrenden Leistungen der öffentlichen Last kommen nicht in das geringste Gebot.

Im zweiten Termin gestaltet sich gegebenenfalls das Ausgebot ohne Bestehenbleiben der öffentlichen Last.

VI. Schluß

Im Vordergrund meiner Ausführungen standen die rechtlichen Beziehungen zwischen dem im Zwangsversteigerungsgesetz geschaffenen geringsten Gebot einerseits und der Hypothek, der Grund- und Rentenschuld (im folgenden kurz auch als Rechte beziehungsweise Grundpfandrechte angesprochen) andererseits. Diese Arbeit abschließend, beschäftigen sich die nachstehenden Zeilen noch mit der Frage, welche rein wirtschaftliche Bedeutung der dem geringsten Gebot zugrunde liegende Deckungs- und Übernahmegrundsatz hat, und zwar auch im Hinblick auf das nunmehr im Zwangsversteigerungsgesetz verankerte „Mindestgebot", das bis vor kurzem bestandene „höchstzulässige Gebot" und schließlich auf das Lastenausgleichsgesetz.

In allererster Linie sind infolge des bestehenden Deckungs- und Übernahmegrundsatzes die dem betreibenden Gläubiger vorgehenden Grundpfandgläubiger geschützt. Sie kommen infolge des Bestehenbleibens ihrer dinglichen Rechte nicht in die Zwangslage, für eine anderweitige Unterbringung der durch ihre dinglichen Befriedigungsbefugnisse beschützten Kapitalien sorgen oder das Grundstück erstehen zu müssen.

Die Fürsorge für die soeben erwähnten Grundpfandgläubiger erstreckt sich auch auf den betreibenden Gläubiger und auf die diesem gleich- und nachstehenden Beteiligten einschließlich des Schuldners. Sie werden durch das Bestehenbleiben der vorgehenden Grundpfandrechte in eine besondere wirtschaftliche Lage gebracht, als es durch das Erlöschen und die Barberichtigung genannter Lasten der Fall sein würde. Das dem Deckungs- und Übernahmegrundsatz entsprechende Verfahren wird nämlich ein höheres Gebot herbeiführen als ein auf dem Löschungsgrundsatz beruhendes, weil zum Erwerbe des Grundstückes geringere Barmittel erforderlich sind, als daß die Zahlung des ganzen Meistgebotes zur Bedingung gestellt wird[1]). Der betreibende Gläubiger und die nachfolgenden Beteiligten werden eher in die Lage kommen, aus dem Versteigerungserlöse Befriedigung zu erhalten; sie können außerdem, um ein möglichst günstiges Ergebnis zu erzielen, mitbieten. Hingegen wird der Schuldner, je höher das Gebot ist, desto mehr von seiner eventuell vorhandenen persönlichen Schuld befreit.

Der Deckungs- und Übernahmegrundsatz bietet auch dem Ersteher Vorteile, indem er zum Erwerb des Grundstückes größere Summen in bar nicht aufzuwenden braucht. Er hat daher die Möglichkeit, diese Geldmittel wirtschaftlich anders zu verwenden. Außerdem fällt für ihn, soweit es sich um bestehenbleibende Rechte handelt, das Beschaffen von Kapitalien fort. Bis zur späteren Fälligkeit der bestehengebliebenen Grundpfandrechte wird ihm Zeit gelassen, für deren Erneuerung zu sorgen oder sich mit den Gläubigern über das Weiterbestehen ihrer dinglichen Befriedigungsbefugnisse zu einigen. In der Praxis wird der Fall immer so liegen, daß sich der Ersteher schon vorher mit den Gläubigern der bestehenbleibenden Rechte über ihr Weiterbestehen bei

---

[1]) Mot. S. 114.

späterer Fälligkeit einigt. Hierbei bedingen sich die Gläubiger genannter Rechte vom künftigen Ersteher oft besondere wirtschaftliche Vorteile aus. Diese Gepflogenheit ist für die Existenz der dinglichen Ansprüche, welche im Falle nicht pünktlicher Zinszahlung oder bei Eintritt der Zwangsversteigerung fällig werden, auch ein mitbestimmender Grund (Klauselhypotheken). Durch derartige Vereinbarungen kann sich ein Durchbrechen des Deckungs- und Übernahmegrundsatzes ergeben. Hat nämlich ein dem betreibenden Gläubiger vorgehender Gläubiger solch einen fällig gewordenen dinglichen Anspruch, und ist dieser in vollstreckbarer Form aufgenommen worden, so kann der Gläubiger dem Zwangsversteigerungsverfahren sofort beitreten und dadurch dem geringsten Gebot eine andere Grundlage geben. Handelt es sich um einen an erster Stelle stehenden Hypothekengläubiger, dann kommt ein Anspruch aus einem anderen Rechte überhaupt nicht in das geringste Gebot. Während also hier eine Ausscheidung des Deckungs- und Übernahmegrundsatzes erfolgt, liegt der Fall anders, wenn der Beitritt eines dem betreibenden Gläubiger vorgehenden Grundpfandgläubigers nicht erfolgt, aber die Fälligkeit des Anspruches im Versteigerungstermine vor der Abgabe von Geboten angemeldet ist. Mit Rücksicht darauf, daß in diesem Falle der Ersteher wohl ein Grundpfandrecht als ein bestehenbleibendes, aber bereits fälliges Recht übernimmt, könnte man zu der Ansicht neigen, daß der Deckungs- und Übernahmegrundsatz auch hier durchbrochen wird. Demgegenüber ist aber einzuwenden, daß dem durch diese Klausel geschützten Gläubiger ja später ohne weiteres die freie Wahl gelassen ist, von der Klausel Gebrauch zu machen oder nicht. Er wird es tun, wenn eine schlechte Wirtschaftslage ihn dazu veranlaßt, sein Kapital zurückzuziehen. Hingegen wird er sich auf die Klausel nicht berufen, wenn ein günstiger Geldstand vorhanden ist oder der Ersteher des Grundstücks sich als solvent erwiesen hat. Der Gläubiger ist also in jenem Falle gegen den Zwang zum Erwerb des Grundstückes und in diesem Falle gegen den Zwang zur vorzeitigen Rücknahme seines Kapitals geschützt. Diese Vorteile, die nicht nur dem Gläubiger, sondern auch dem Ersteher dienen, wahren entschieden den Deckungs- und Übernahmegrundsatz[2]).

Auch für die Allgemeinheit gestaltet sich der Deckungs- und Übernahmegrundsatz günstig, denn durch das Bestehenbleiben der Grundpfandrechte wird das Verschleudern von Grundstücken verhindert und der gesamte Realkredit auf eine breite und gesunde Grundlage gestellt.

Welche Beziehungen hat nun das „Mindestgebot" auf das geringste Gebot und auf die in diesem zu berücksichtigenden Grundpfandrechte[3])?

Um den zweifellos beim geringsten Gebot bestehenden Mangel zu beseitigen, daß das Grundstück zu einem geringen Preis verschleudert wird und dadurch sowohl die ausfallenden Gläubiger als auch der Schuldner benachteiligt werden, wurde bereits durch die auf Seite 14 erwähnte Verordnung vom 26. 5. 1933 das Mindestgebot geschaffen, das sich nicht, wie es beim geringsten Gebot der Fall ist, nach der Grundstücksbelastung richtet, sondern das zum Grundstückswert in einem bestimmten Verhältnis stehen muß. Bleibt nun bei einer Zwangsversteigerung das abgegebene Meistgebot — einschließlich der bestehenbleibenden Rechte — hinter diesem Mindestgebot (sieben Zehnteile des Grundstückswertes) zurück, so kann ein Berechtigter, dessen Anspruch ganz oder teilweise

---

[2]) Nußbaum S. 104.

[3]) Siehe hierüber Ausführungen Jonas-Pohle S. 27 ff., Drischler Rpfl. 1951 S. 175.

nicht gedeckt wird, einen Antrag auf Versagung des Zuschlages stellen, wenn sein Anspruch bei Abgabe eines Gebotes in Höhe des Mindestgebotes gedeckt sein würde. Dieses Antragsrecht steht unter Umständen auch dem Eigentümer zu, wenn er seinen Anspruch aus einer Eigentümerhypothek oder -grundschuld hat.

Der Antrag auf Versagung des Zuschlages kann abgelehnt werden. Das ist nach der bestehenden Bestimmung möglich. Einmal, wenn der betreibende Gläubiger glaubhaft macht, daß er durch Versagung des Zuschlages einen unverhältnismäßig großen Nachteil erleiden würde; des weiteren, wenn das Meistgebot von einem zur Befriedigung aus dem Grundstück Berechtigten abgegeben wird, sein Bargebot zusammen mit den übernommenen Rechten und seinem Ausfall das Mindesgebot ausmacht und dieser Betrag im Range unmittelbar hinter dem letzten Betrage steht, der durch das Gebot noch gedeckt ist. Dann kommt das Grundstück zu einem geringeren als dem Mindestgebot zum Zuschlag. Im anderen Falle ist von Amts wegen ein neuer Termin anzusetzen, in dem auf das Mindestgebot keine Rücksicht genommen zu werden braucht. Dann hat aber zwischen dem dinglich Berechtigten, dem der Zuschlag erteilt werden muß, und dem Schuldner ein Ausgleich stattzufinden, so daß der dinglich Berechtigte in Höhe des Mindestgebotes als befriedigt gilt.

Wie aus vorstehenden Ausführungen hervorgeht, erfolgte durch die Verordnung, die das Mindestgebot geschaffen hat, ein Durchbrechen des Deckungs- und Übernahmegrundsatzes nicht. Es muß jedenfalls stets das geringste Gebot eingehalten werden. Ein höher als das geringste Gebot liegendes Mindestgebot kann nur zum Nutzen aller Beteiligten einschließlich des Schuldners sein. Neben dem Mangel, daß nach dem Zwangsversteigerungsgesetz das Grundstück auch für ein Gebot zugeschlagen werden muß, das unter dem tatsächlichen Wert liegt und der Erwerb oft durch einen betreibenden Gläubiger erfolgen kann, der bei Ausfall seiner Hypothek überdies die persönliche Forderung gegen den Schuldner noch behält, bringt das Mindestgebot etwas Gutes. Allerdings braucht es praktisch nicht zur Durchführung zu kommen, weil, wie schon gesagt, im zweiten Termin das Grundstück ohne Rücksicht auf das Mindestgebot zum geringsten Gebot zugeschlagen werden muß. Die Vorschriften über dieses Gebot haben sich jedenfalls in der Praxis bewährt und auch in letzter Zeit, wo infolge Geldknappheit das Gebot nicht erreicht wurde, keine Schwierigkeiten bereitet. Wohl aus diesem Grunde wurde durch die vor kurzem ergangenen Gesetze vom 20. 8. 1953 und 2. 9. 1953[4]) sowohl für das Bundesgebiet als auch für Westberlin das Mindestgebot, dem allerdings ein neu festgelegter Grundstückswert, der Verkehrswert, zugrunde zu legen ist, zum Inhalt des für die Versteigerung grundlegend in Betracht kommenden Zwangsversteigerungsgesetzes gemacht.

So sehr man sich mit dem Mindestgebot einverstanden erklären kann, lag dies anders bei dem nunmehr zur Aufhebung gelangten höchstzulässigen Gebot[5]), das im allgemeinen zu einer Einschränkung des Deckungs- und Übernahmegrundsatzes führte. Der Hauptmangel, den dieses Gebot mit sich brachte, bestand darin, daß es bei einem hinter dem geringsten Gebot zurückgebliebenen Höchstgebot nie zur Durchführung der Versteigerung kam, da ein Ausgebot nicht erfolgen konnte und das Verfahren daher einstweilen einge-

---

[4]) Abgedr. siehe S. 15 Anm. 74 und 75.

[5]) Siehe hierüber S. 15, 16, 17/18 und Ausführungen in Jonas-Pohle S. 385 ff., Drischler Rpfl. 1951 S. 175, 1952 S. 163, Bruhn Rpfl. S. 223.

stellt werden mußte. Wenn man noch berücksichtigte, daß nach der Verordnung, die in Betracht kam, der Grundstückseigentümer Rechtsbehelfe, die mit dem Höchstgebot zusammenhingen, geltend machen und dadurch eine nicht vertretbare Verschleppung der Versteigerung herbeiführen konnte, ohne daß der Zwangsversteigerungsrichter, dem ja die Versteigerung des Gundstücks oblag, einen Einfluß darauf hatte, so mußte man zu dem Ergebnis kommen, daß das preisrechtlich gebildete Höchstgebot keine Existenzberechtigung mehr hatte. Es wurde ja dieses Gebot in einer Zeit geschaffen, als ein Geldüberhang bestand und dadurch die Kaufpreise von Grundstücken unnatürlich hochgetrieben wurden. In solchen Zeiten erfüllte solch ein Gebot seinen Zweck. In normalen Zeiten und vor allem in einer Zeit des Geldmangels wie heute ist es nicht erforderlich, ja sogar hemmend, so daß man zu dem in dem Zwangsversteigerungsrecht geschaffenen Prinzip des Ausgleichs von Angebot und Nachfrage am freien Markt wieder zurückkommen mußte. Erfreulicherweise kam daher mit den auf Seite 96 erwähnten beiden Gesetzen dieses Gebot wieder in Fortfall.

Was nun das Lastenausgleichsgesetz, das im vorigen Jahre erlassen wurde, betrifft, so ist zu sagen, daß auch dieses am Deckungs- und Übernahmegrundsatz des Zwangsversteigerungsgesetzes festgehalten hat, indem grundsätzlich die eingetragenen Grundpfandrechte vor der öffentlichen Last der Hypothekengewinnabgabe gewahrt werden müssen.

So endet diese Schrift mit dem Wunsche, dem im Deckungs- und Übernahmegrundsatz verankerten geringsten Gebot und seiner Auswirkung für die Grundpfandrechte stets freien Lauf zu lassen.

Benutzte Literatur und Rechtsprechung

mit ihren Abkürzungen

I. Kommentare

Achilles-Greiff:	Bürgerliches Gesetzbuch, 1949.
Biermann:	Bürgerliches Gesetzbuch, Sachenrecht 1914.
Dernburg BGB.:	Das Bürgerliche Recht des Deutschen Reichs und Preußens, Sachenrecht, 1908.
Fischer-Henle:	Bürgerliches Gesetzbuch nebst Einführungsgesetz, 1932.
Fischer-Schaefer:	Die Gesetzgebung betreffend die Zwangsvollstreckung in das unbewegliche Vermögen im Reiche und in Preußen, 1910.
Fischer-Schaefer 1902:	Desgleichen 1902.
Fuchs:	Grundbuchrecht, 1. Bd., 1902.
v. Gierke:	Deutsches Privatrecht, II. Bd., 1905.
Günther:	Reichsgesetz über die Zwangsversteigerung und Zwangsverwaltung, II. Teil, 1899/1900.
Harmening-Duden:	Die Währungsgesetze, 1949.
Harmening-Weber:	Hypotheken-Gewinnabgabe, 1953.
v. Henle:	Gesetz über die Zwangsversteigerung und Zwangsverwaltung vom 24. März 1897, Textausgabe 1933.
Jaeckel:	Das Reichsgesetz über die Zwangsversteigerung und Zwangsverwaltung, 1901.
Jaeckel-Güthe:	Kommentar zum Zwangsversteigerungsgesetz, 1937.
Jaeger:	Kommentar zur Konkursordnung, II. Bd., 1936.
Korintenberg-Wenz:	Gesetz über die Zwangsversteigerung und Zwangsverwaltung, 1935.
Krech-Fischer 1884:	Das Preußische Gesetz betreffend die Zwangsvollstreckung in das unbewegliche Vermögen vom 13. Juli 1883, 1884.
Krech-Fischer 1894:	Die Preußische Gesetzgebung betreffend die Zwangsvollstreckung in das unbewegliche Vermögen, 1894.
Krech-Fischer:	Die Gesetzgebung betreffend die Zwangsvollstreckung in das unbewegliche Vermögen im Reiche und in Preußen, Textausgabe 1929.
Kretzschmar:	Recht des Bürgerlichen Gesetzbuches, 1922.
Kretzschmar ZVG.:	Das Reichsgesetz über die Zwangsversteigerung und Zwangsverwaltung, 1904.
Lindemann-Soergel:	Bürgerliches Gesetzbuch nebst Einführungsgesetz, 2. Bd., 1921.
Lupprian:	Gesetz über die Zwangsversteigerung und Zwangsverwaltung, 1952.
Niedner:	Gesetz über die Zwangsversteigerung und Zwangsverwaltung, 1904.

Oberneck: Das Reichsgrundbuchrecht, 2. Bd., 1909.

Palandt: Bürgerliches Gesetzbuch, 1952.

v. d. Pfordten: Kommentar zu dem Gesetze über die Zwangsversteigerung und Zwangsverwaltung, 1906.

Planck: Bürgerliches Gesetzbuch nebst Einführungsgesetz, 3. Band, I. Hälfte 1933, II. Hälfte 1938.

Planck EGBGB.: Bürgerliches Gesetzbuch nebst Einführungsgesetz, 6. Band, 1905.

Reinhard-Müller: Das Zwangsversteigerungsgesetz, 1931.

Rosenthal: Bürgerliches Gesetzbuch, 1929.

RRG.: Das Bürgerliche Gesetzbuch mit besonderer Berücksichtigung der Rechtsprechung des Reichsgerichts, erläutert von Reichsgerichtsräten, III. Bd., 1939.

Soergel: Bürgerliches Gesetzbuch, 1937.

Staudinger: J. v. Staudingers Kommentar zum Bürgerlichen Gesetzbuch und dem Einführungsgesetze, 3. Bd., 1935.

Steiner: Gesetz über die Zwangsversteigerung und Zwangsverwaltung vom 24. März 1897, 1935.

Warneyer: Das Bürgerliche Gesetzbuch für das Deutsche Reich, 1950.

Weitnauer-Wirths: Gesetz über das Wohnungseigentum und das Dauerwohnrecht (Wohnungseigentumsgesetz), 1951.

Wilhelmi-Vogel: Zwangsversteigerungsgesetz, 1952.

Wolff BGB.: Enneccerus, Kipp und Wolff, Lehrbuch des Bürgerlichen Rechts, III. Bd., 1932.

Wolff ZVG.: Das Reichsgesetz über die Zwangsversteigerung und Zwangsverwaltung, 1909.

II. **Lehr- und Handbücher**

Albrecht: Die Gewere als Grundlage des älteren Deutschen Sachenrechts, 1828.

Badstübner: Die Zwangsvollstreckung in das unbewegliche Vermögen in der gerichtlichen Praxis, 1902.

Betzinger-Mainhard: Handbuch der Liegenschaftsvollstreckung für das Großherzogtum Baden, 1908.

Brand-Baur: Die Zwangsversteigerungs- und Zwangsverwaltungssachen in der gerichtlichen Praxis, 1931.

Crome: Grundzüge des römischen Privatrechts, 1922.

Dernburg-Pand.: Pandekten, 1. Bd., 1902.

Eschwege: Boden- und Hypothekenprobleme, 1913.

Förster-Eccius: Preußisches Privatrecht, III. Bd., 1896.

Heseler: Die Hypothekengewinnabgabe, 1952.

Jonas-Pohle: Zwangsvollstreckungsnotrecht, 1949.

Krempel: Zwangsversteigerung und Zwangsverwaltung, 1938.

Kretzschmar Einf.: Einführung in das Grundbuchrecht, Bd. I, 1902 und Bd. II, 1903.

Loeber: Praktische Handausgabe Zwangsvollstreckung, 1929.

v. Meibom: Das Deutsche Pfandrecht, 1867.

Meyer-Zöller: Zwangsversteigerungs- und Zwangsvollstreckungsgesetz, 1949.

Nußbaum: Die Zwangsversteigerung und Zwangsverwaltung, 1916.

Schaefer: Grundstücks- und Zwangsversteigerungsrecht, 1931.

Stobbe: Handbuch des Deutschen Privatrechts, 2. Bd., 2. Halbband, 1897.

Turnau-Förster: Das Liegenschaftsrecht nach den Deutschen Reichsgesetzen und den Preußischen Ausführungsbestimmungen, 1. Bd., 1906.

Willenbücher: Das Liegenschaftsrecht des Bürgerlichen Gesetzbuches und die Reichsgrundbuchordnung, 1904.

Windscheid: Lehrbuch des Pandektenrechtes, 1. Bd., 1906.

III. **Materialien zum BGB. und ZVG.**

DJT.: Verhandlungen des 10., 11., 12., 16. Deutschen Juristentages, 1872, 1873, 1874, 1883.

Entwurf: Entwurf einer Grundbuchordnung und Entwurf eines Gesetzes betreffend die Zwangsvollstreckung in das unbewegliche Vermögen, Verlag Guttentag, Amtliche Ausgabe 1889.

Hahn-Mugdan: Die gesamten Materialien zu den Reichsjustizgesetzen, 5. Bd., 1897.

Mugdan: Die gesammelten Materialien zum BGB. für das Deutsche Reich, III. Bd., 1899.

Stegemann: Die Materialien zum Gesetze vom 13. Juli 1883 betreffend die Zwangsvollstreckung in das unbewegliche Vermögen, 1883.

IV. **Textausgaben mit Einführungen**

LAG.: Lastenausgleichsgesetz, Textausgabe des Gesetzes und der hierzu erlassenen weiteren Vorschriften (Feststellungsgesetz, Gesetz über einen Währungsausgleich für Sparguthaben Vertriebener) mit Sachregister — mit einer Einführung und hinweisenden Bemerkungen von Jung, Geßler und Ehring, Deutscher Bundes-Verlag Bonn (1952).

V. **Zeitschriften und Entscheidungen**

Bad. Rspr.: Badische Rechtspraxis und Annalen der Großh. Badischen Gerichte.

Bay. Not.Z.: Zeitschrift für das Notariat und für freiwillige Rechtspflege der Gerichte in Bayern.

Bay. Z.: Zeitschrift für Rechtspflege in Bayern.

DNotZ.: Deutsche Notar-Zeitschrift, 1950.

DJ.: Zeitschrift: Deutsche Justiz.

Dtsch. Recht: Zeitschrift: Deutsches Recht.

Dtsch. Rspr.: Zeitschrift: Deutsche Rechtsprechung.

Gruchots Beitr.: Beiträge zur Erläuterung des Deutschen Rechtes.

HuW.: Haus und Wohnung, Zeitschrift für Grundstücks- und Wohnungswesen.

HuW. Sonderheft:	Sonderschriftenreihe „Haus und Wohnung“ Lastenausgleich, II. Sonderheft: Hypothekengewinnabgabe, 1952.
JW.:	Juristische Wochenschrift.
KGJ.:	Jahrbuch der Entscheidungen des Kammergerichts in Sachen der freiwilligen Gerichtsbarkeit in Kosten-, Stempel- und Strafsachen.
KGJFG.:	Jahrbuch für Entscheidungen des Kammergerichts in Angelegenheiten der freiwilligen Gerichtsbarkeit.
Nds. Rpfl.:	Zeitschrift: Der niedersächsische Rechtspfleger.
NJW.:	Neue Juristische Wochenschrift.
OLG.:	Die Rechtsprechung der Oberlandesgerichte auf dem Gebiete des Zivilrechts.
Recht:	Das Recht, Rundschau für den Deutschen Juristenstand.
Rpfl.:	Zeitschrift: Der Deutsche Rechtspfleger.
RGZ.:	Entscheidungen des Reichsgerichts in Zivilsachen.
Sächs. Arch.:	Sächsisches Archiv für bürgerliches Recht und Prozeß. Sächsisches Archiv für Rechtspflege.
Seuff. A:	J. A. Seuffert's Archiv für die Entscheidungen der obersten Gerichte in den deutschen Staaten.
Seuff. Bl.:	J. A. Seuffert's Blätter für Rechtsanwendung.
Warneyer Rspr.:	Warneyer Rechtsprechung.
ZblFG.:	Zentralblatt für freiwillige Gerichtsbarkeit, Notariat und Zwangsversteigerung.
ZZP.:	Zeitschrift für den Deutschen Zivilprozeß und das Verfahren in Angelegenheiten der Freiwilligen Gerichtsbarkeit.

VI. **Dissertationen**

v. Bleichröder:	Die Geltendmachung der Hypotheken, Grundschuld, Rentenschuld, juristische Dissertation, Erlangen 1914.
Hartmann:	Die Grundstücksgesamthypothek in der Zwangsversteigerung, juristische Dissertation, Leipzig 1903.
König:	Das Wesen des Zuschlags im Zwangsversteigerungsverfahren, juristische Dissertation, Rostock 1935.
Koller:	Die Schuldübernahme des Erstehers nach § 53 ZVG., juristische Dissertation, Freiburg i. Br. 1941.
Korff:	Die Rechtsnatur der erlöschenden Hypothek nach dem Zuschlag in der Zwangsversteigerung . . ., juristische Dissertation, Freiburg i. Br. 1934.
Schmidt:	Geringstes Gebot und Grundpfand, juristische Dissertation, Breslau 1922.

Weitere Abkürzungen

ABl. Berlin:	Amtsblatt für Berlin.
AGGBO.:	Ausführungsgesetz zur Grundbuchordnung vom 26. 9. 1899 (PrGes.S. 1899 S. 307—316).
AV.:	Allgemeine Verfügung.
AVdBJMin.:	Allgemeine Verfügung des Bundes-Justizministers.
Bek.:	Bekanntmachung.
BGB.:	Bürgerliches Gesetzbuch.

BGBl.:	Bundesgesetzblatt.
BJMin.:	Bundes-Justizministerium.
BStBl.:	Bundessteuerblatt.
C.:	Corpus juris civilis Codex.
D.:	Corpus juris civilis Digesten.
DM.:	Deutsche Mark der Bank deutscher Länder.
Denkschr.:	Denkschrift zum Zwangsversteigerungsgesetz (Motive der 2. Lesung des Gesetzes), abgedruckt wie „Hahn-Mugdan" dieses Verzeichnisses, S. 34—72.
EGBGB.:	Einführungsgesetz zum Bürgerlichen Gesetzbuch vom 18. August 1896 (RGBl. 1896 S. 604 ff.).
EGG.:	Eigentumserwerbsgesetz vom 5. 5. 1872 in der Gesetzessammlung für die Königlichen Preußischen Staaten 1872, S. 433—445.
EGZVG.:	Einführungsgesetz zum Gesetz über die Zwangsversteigerung und Zwangsverwaltung vom 24. März 1897 (RGBl. 1898 S. 750).
Entschdg.:	Entscheidung.
Erl.:	Erläuterungen.
Ges.:	Gesetz.
GUG.:	Gesetz über die Umstellung von Grundpfandrechten und über Aufbaugrundschulden vom 9. 1. 1951 in der Fassung des Gesetzes vom 15. 1. 1953 (GVBl. Berlin I 1953, S. 63).
GVBl.:	Gesetz- und Verordnungsblatt.
KG.:	Kammergericht.
KO.:	Konkursordnung.
LAG.:	Lastenausgleichsgesetz (siehe auch Abkürzung unter IV).
LG.:	Landgericht.
Mot.:	Motive zu dem Entwurfe eines Gesetzes betreffend die Zwangsvollstreckung in das unbewegliche Vermögen, abgedruckt wie „Entwurf" dieses Verzeichnisses.
OLG.:	Oberlandesgericht (siehe auch Abkürzung unter V).
PrGesS.:	Gesetzsammlung für die Königlichen Preußischen Staaten.
RegBl.:	Regierungsblatt.
RG.:	Reichsgericht.
RGBl.:	Reichsgesetzblatt.
VO.:	Verordnung.
VOBl.:	Verordnungsblatt.
WiGBl.:	Gesetz- und Verordnungsblatt des Wirtschaftsrats des Vereinigten Wirtschaftsgebiets.
ZPO.:	Zivilprozeßordnung.
ZVG.:	Gesetz über die Zwangsversteigerung und Zwangsverwaltung.

Sachverzeichnis

Die Zahlen verweisen auf die Seiten; es sind im Verzeichnis neben allgemein üblichen und verständlichen Abkürzungen folgende angewendet worden:

betr. Gl.:	betreibender Gläubiger
dingl.:	dinglich
Durchf.VO.:	Durchführungsverordnung
g. G.:	geringstes Gebot
Fdg.:	Forderung
Gl.:	Gläubiger
Grdst.:	Grundstück
Hyp.:	Hypothek
Konk.Verw.:	Konkursverwalter
pers.:	persönlich
s.:	siehe
Verf.:	Verfahren
VO.:	Verordnung
Zw.Verst.:	Zwangsversteigerung

A

H

I

K

L

M

N

O

P

www.fsc.org
MIX
Papier | Fördert gute Waldnutzung
FSC® C083411

Kolibri 360 GmbH
Ferdinand-Jühlke-Straße 7
99095 Erfurt, Deutschland
produktsicherheit@kolibri360.de